Frank Pergande
Zweieinhalb Stunden von Berlin

FÜR JOACHIM BUHROW

Frank Pergande

Zweieinhalb Stunden von Berlin

Ein Reisebegleiter
für die Insel Usedom

THOMAS HELMS VERLAG

Bibliografische Informationen der Deutschen Bibliothek
Die Deutsche Bibliothek verzeichnet diese Publikation in der
Deutschen Nationalbibliografie; detaillierte bibliografische Daten
sind im Internet über *http://dnb.ddb.de* abrufbar.

1. Auflage Mai 2005
2. Auflage September 2005

© 2005 THOMAS HELMS VERLAG · SCHWERIN
Wallstraße 46, D-19053 Schwerin
0385[TEL]564272   0385[FAX]564273
thv.schwerin@t-online.de
www.thv.de
Alle Rechte vorbehalten.

ISBN 3-935749-55-4

Inhalt

ZWEI BRÜCKEN, EINE FÄHRE

VINETA

VON WEGEN KAISERBÄDER

ZWEI BRÜCKEN, EINE FÄHRE

Peene und Peenestrom

Die Peene vom Kummerower See bis zum Peenestrom – Die Quellen –
Demmin – Die Hubbrücke von Karnin – Die Klappbrücke
von Zecherin – Ein Lied von Wolf Biermann – Lassan – Eva und Tine –
Die Wolgaster Brücke

Die Peene hat weder eine richtige Quelle noch eine richtige Mündung. Sie fließt nicht einmal richtig. Das Gefälle ist zu gering. Dabei kommt der Name Peene aus dem Slawischen und bedeutet so viel wie Gischt oder Schaum. Häufig passiert es, daß die Peene sogar flußaufwärts fließt. Dann nämlich, wenn bei starkem Wind oder Sturmflut Meerwasser aus der Ostsee über den Peenestrom in den Fluß drückt, manchmal kilometerweit. Die Peene ist einer der fischreichsten Flüsse. Das hat ebenfalls mit dem geringen Gefälle zu tun. Die Fische, das seltene Bachneunauge etwa, können sich flußaufwärts und flußabwärts bewegen. Die Peene ist weitgehend, wie man heute so sagt, naturbelassen. Sie windet sich durch eine stille Landschaft. Sie ergießt sich in diesen und jenen Polder. Die Ufer sind kaum bebaut. Links und rechts des Flusses erstrecken sich Moore. So kommt die Peene auch zu dem Vergleich, sie sei der Amazonas Nordostdeutschlands. Von Peene spricht man ab dem Kummerower See, dem achtgrößten See Deutschlands. Die Peene entspringt dort nicht, sie ist im Norden des Sees bei Verchen einfach da. Von dort bis zum Peenestrom sind es 124 Kilometer. Der Fluß gilt hier als Bundeswasserstraße, kann also von Lastkähnen und Fahrgastschiffen befahren werden.
In der Mecklenburgischen Schweiz, einer, wie der Name schon sagt, hügeligen Landschaft, gibt es viele Quellen. Hier fließen als Bäche die Ostpeene, die Westpeene oder die Teterower Peene. Sie münden in den Malchiner oder in den Kummerower See. Beide Seen wiederum sind durch den Dahmer Kanal miteinander verbunden. Die Westpeene hat etwas von einem Gebirgsbach. Sie fließt rasch bergab. Ihr Wasser ist eiskalt. Selbst in trockenen Sommern murmelt der Bach fröhlich vor sich hin. Die Quellen in der Mecklenburger Schweiz liegen zwölf bis fünfzehn Meter über dem Malchiner See. Der wiederum liegt auf Meeresspiegelniveau.
Das vorpommersche Demmin ist die erste Stadt, die von der Peene berührt wird. Bei Demmin münden die Tollense und die Trebel in die Peene, weshalb die Stadt damit wirbt, im »Dreistromland« zu liegen. Heute leben dort etwa 14.000 Einwohner. Demmin hat seit dem frühen 13. Jahrhundert Stadtrecht. Demmin war Hansestadt, eine bedeutende Grenzfestung zwischen Mecklenburg und Vorpommern und ein wichtiger Hafen mit Verbindungen nach Stettin, Berlin, Magdeburg und Stralsund sowie in viele Länder Europas. Die – allerdings neogo-

tische – Bartholomäuskirche mit ihrem fast einhundert Meter hohen Turm, ein Stadttor, der Pulverturm und Reste der Stadtmauer lassen eine Ahnung davon aufkommen, was für eine schöne Stadt Demmin gewesen sein muß. Adolf Pompe wirkte hier als Pfarrer, der Mann, dem die Pommern ihr so herrlich melancholisches Pommernlied verdanken: »Wenn in stiller Stunde«. Dessen zweite Strophe erklärt Pommerns Farben: »Weiße Segel fliegen auf der blauen See, weiße Möwen wiegen sich in blauer Höh', blaue Wälder krönen weißer Dünen Sand: Pommernland, mein Sehnen ist dir zugewandt.«

Im April 1945 war Demmin schon kampflos an die Sowjetarmee übergeben, eine weiße Fahne wehte am Kirchturm. Da gab es irgendwo einen Schußwechsel. Daraufhin zerstörte die Rote Armee den Ort. Kein Stein blieb auf dem anderen. Frauen und Mädchen wurden vergewaltigt. Die Stadt hat sich von der Zerstörung nicht mehr erholt. DDR-Neubaublöcke bestimmen heute das Stadtbild.

Über Loitz und Jarmen (wo sich die Autobahn 20 über den Fluß schwingt) fließt die Peene in östliche Richtung. Sie kommt durch Anklam, einst ebenfalls eine wichtige Hafenstadt. Nur wenige Kilometer hinter Anklam fließt sie in den Peenestrom. Gehört der Peenestrom noch zur Peene? Oder ist er ein Strom für sich? Oder ist er nicht vielmehr einer der Arme, in denen die Oder über das Stettiner Haff in die Ostsee mündet? Wie auch immer, der Peenestrom fließt, aus dem Haff kommend, nach Norden. Ein paar hundert Meter vor dem Zufluß der Peene stehen die Reste einer gewaltigen Eisenbahnbrücke. Genauer gesagt sind es die Reste ihres Mittelteils. Damit hat es folgende Bewandnis: Am 15. Mai 1876 wurde die knapp vierzig Kilometer lange Eisenbahnstrecke zwischen Ducherow bei Anklam und Swinemünde eingeweiht. Der schwierigste Teil war die Überquerung des Peenestroms gewesen. An einer fünfhundert Meter breiten Stelle zwischen den Dörfern Kamp auf der Festlandseite und Karnin auf der Insel wurde eine Brücke errichtet, deren Mittelteil sich drehen ließ, so daß auch Schiffe die Brücke passieren konnten. Es gab sogar zwei Drehbrücken – für jedes Gleis eine. Wegen dieser Bahnlinie entstand der große Bahnhof in Ducherow. Auch in Karnin, Usedom und Dargen wurden Bahnhöfe gebaut. Sie haben längst ihren eigentlichen Zweck verloren, denn die Strecke ist nach dem Zweiten Weltkrieg als Reparationsleistung aufgenommen worden. So wie die Bahnhöfe noch zu erkennen sind, so sieht man in der Landschaft auch den Bahndamm, Bahngebäude an der Strecke und Brücken ins Nichts.

1894 wurde die Eisenbahnstrecke von Swinemünde aus nach Heringsdorf über Ahlbeck verlängert – knapp zehn Kilometer. In viereinhalb Stunden fuhren damals die von Dampfloks gezogenen Schnellzüge vom Stettiner Bahnhof in Berlin aus, dem heutigen Nordbahnhof,

Die Karniner Brücke

nach Heringsdorf. 1911 schließlich wurde die Bahnstrecke von Heringsdorf aus nach Wolgast (Fähre) verlängert. Dabei entstand ein Kuriosum: Bahnhof Heringsdorf. Für Reisende konnte es dort verwirrend
werden. Sächsisch klang das so: »Also des versteh 'ch nich. Erst fuhr
'ch von vorne und ab Hääringsdorf rückwärts.« Heringsdorf blieb ein
Kopfbahnhof, weil sich dort, wo der Zug in Richtung Bansin hätte
weiterfahren sollen, Tennisplätze erstreckten. Deren Besitzer wollte die
Grundstücke nicht abgeben. So muß heute noch der Zug eine Kehre
fahren, einmal um den Präsidentenberg herum. Fast sechs Kilometer
statt der drei, die es direkt bis nach Bansin gewesen wären.
Zurück aber zur Karniner Brücke. 1932 wurde die alte Drehbrücke
durch eine 33 Meter hohe Hubbrücke ersetzt. Das war notwendig
geworden, weil die Züge nicht schnell genug fahren konnten. Die neue
Brücke funktionierte nach dem Fahrstuhlprinzip und folgte der Idee
für das Schiffshebewerk in Niederfinow, das zum gleichen Zeitpunkt
entstand. Wollten Schiffe die Brücke passieren, wurde das Gleisbett
in die Höhe gehoben. Das war damals einmalig in Deutschland. Von
der ersten offiziellen Zugfahrt über die Brücke im Herbst 1933 gibt
es ein unheimliches Foto: Links fährt ein Zug über die Gleise, rechts
stehen die Gäste und recken die Hand zum Hitler-Gruß.
Dank der Hubtechnik konnten die Züge nunmehr mit einer Geschwin-
digkeit von hundert Kilometern in der Stunde über die Brücke fahren. Daß ihr derart viel Beachtung geschenkt wurde, hatte vor allem
militärische Gründe. Swinemünde war Kriegshafen und sollte schnell
zu erreichen sein. Die neue Brücke hatte eingebaute Sprengkam-
mern. Am 28. April 1945 wurde die Brücke von den Deutschen zer-

stört, um die Rote Armee aufzuhalten. Die Fahrbahntröge blieben hochgezogen. So sind sie noch heute dort zu sehen. Zur selben Zeit wurde auch die Straßenbrücke bei Zecherin gesprengt, die etwas weiter nördlich liegt. Sie ist eine 330 Meter lange Klappbrücke. 1930/31 wurde sie gebaut und 1956 wieder instandgesetzt.

Auf dem Weg zur Ostsee entlang des Peenestroms folgt auf der Festlandseite die Stadt Lassan. Sie ist vor allem durch ein Lied von Wolf Biermann bekannt geworden, die »Ballade von der alten Stadt Lassan«. Er sang das Lied bei seinem Konzert am 13. November 1976 in Köln. Es war jenes legendäre Konzert, das den Machthabern der DDR als Anlaß diente, Biermann nicht wieder in die DDR zu lassen. Gegen die Ausbürgerung erhob sich ein für die SED-Führung unerwartet starker Protest. Manche sagen heute, die Biermann-Ausbürgerung sei der Anfang vom Ende der DDR gewesen. Wie dem auch sei, die »Ballade von der alten Stadt Lassan« ist jedenfalls ein so schönes wie freches Lied. Biermann beschreibt die Stadt darin so: »Am Peenestrom, am Peenestrom da liegt ein Wrack aus Holz und Stein seit fünf mal hundert gleichen Jahrn die alte Stadt Lassan. Die Stadt liegt da auf Grund und träumt und kommt nie los und wird nie flott und möchte gern auf die Ostsee fahrn, die alte Stadt Lassan.« Der Dichter erzählt von einem Ausflug auf einem Segelboot zusammen mit Tine, Christine Bark, seiner ersten Ehefrau. Biermann liebte die Insel Usedom. Am Achterwasser hatte er sein Ferienquartier. Von dort aus kam das Paar nach Lassan herüber. Das Boot legt an: »Wir machen das Boot fest hinterm Wind und steigen an Land und wundern uns, daß wir noch in Deutschland sind.« Tine und Wolf besteigen den fünfzig Meter hohen Turm der Johanneskirche. Sie sehen von oben eine SED-Parteitagslosung am Konsum, der Verkaufsstelle des Ortes, wie sie damals, Anfang der siebziger Jahre, üblich war. Biermann erinnert sich an eine alte Geschichte. Ein schwedischer Kapitän soll einst in der Stadt gewesen sein, um Hochzeit zu machen. Er brachte einen richtigen Affen mit. Die Lassaner aber hatten noch nie einen Affen gesehen. Schon gar keinen, der auf dem Kirchturm herumturnt.

Aber das alles ist vergessen an diesem Sommertag: »Der Holzwurm tickte im Glockenstuhl. Wir schwiegen eine Ewigkeit. Ich küßte der Tine paar Tränen vom Mund. Ich pflückte ihr Spinnweb vom Kleid.« Auf der Rückfahrt gerät das Segelboot in einen Sturm. Fast sieht es aus, als hätte sich die Stadt Lassan nun doch noch losgemacht. Am Mastkorb der Affe. Auf der Fahne am Mast eine Parteitagslosung. Aber es kommt dem Dichter natürlich alles nur so vor, weil er etwas seekrank ist. »Mein Lieber, das machen die hohen Welln, das kommt von den Losungen, die du kennst. Du siehst schon Gespenster, wo Menschen sind, und Menschen in manchem Gespenst.« Mit Eva-Maria Hagen, der Schauspielerin und Sängerin, muß Bier-

Blick auf die Stadt Lassan

mann eine ähnliche Szene erlebt haben. Er nannte sie, als sie sich
noch sehr mochten, »meine Lüttower Sommervenus«. Als Biermann
schon im Westen war, schrieb die Hagen ihm: »Weißt Du noch, unser
Überlebenskampf auf Mathias' Seifenkiste im Achterwasser vor zehn
Jahren gegen Naturgewalten, wo Himmel und Erde eins waren, Seelen
in Not. Uns hing die Haut in Fetzen, aber wir hatten es geschafft –
wieder Land zu gewinnen. Diesmal sind es andere Mächte, von noch
unberechenbarer Natur.« Mathias – das war Matthias Wegehaupt, ein
Maler, der in Ückeritz auf Usedom lebt. Die Sommer auf der Insel
waren eine eigene Welt. Susanne Kandt-Horn, ebenfalls Malerin aus
Ückeritz, malte schon 1968 Eva und Wolf in Öl. »Liebespaar« heißt
das Bild. Auf die Geliebte Eva folgte Tine und andere auch. Biermann
ist heute Vater von zehn Kindern.
Wie lange wäre alles weitergegangen ohne die Ausbürgerung? Bei aller
Ferienidylle in Lütow und Warthe, zwei Dörfern, die sich am Achterwasser genau gegenüberliegen – nach dem Ende der DDR wurde
klar: Auch dort war die DDR-Staatssicherheit immer dabei. Aber das
ist Geschichte. Tempi passati! Nur Lassan liegt da wie eh und je. Die
wuchtige Johanneskirche als das Beste der Stadt. Der winzige Markt.
Zwei baumlose Straßen, die am kleinen Hafen zusammenkommen.
Geduckte Häuser. Der weite Peenestrom.
Weiter geht es nordwärts vorbei am Achterwasser, das so heißt, weil
es achtern – hinten – liegt, also von Usedom aus gesehen hinter der
Küste. Schließlich berührt der Peenestrom Wolgast und wird dort
eindrucksvoll überspannt von der nach Usedom führenden zweiten
Brücke. Sie wurde 1996 übergeben und ist – bei dieser eleganten, in

Pommerns Farben blau und weiß gestrichenen Brücke erwartet man einen Superlativ – die »größte Waagebalkenklappbrücke Europas«. 255,90 Meter lang ist sie. Allein die Klappe mißt knapp fünfzig Meter. Über die Brücke fährt nun auch im Gegensatz zum Vorgängerbau die Bahn. So wurde die Verbindung zwischen Züssow auf dem Festland und Ahlbeck auf der Insel Usedom möglich. Bevor es die moderne Brücke gab, mußte der Reisende zwischen Wolgast (Hafen) und Wolgast (Fähre) über die Brücke von einem Zug zum anderen laufen. Eine Fähre transportierte einzelne Güterwaggons. Das Fährschiff »Stralsund« war 1890 in Betrieb genommen worden und fuhr zunächst in Swinemünde zwischen Usedom und Wollin hin und her. 1945 kam es nach Wolgast. Als die Fähre hundert Jahre nach ihrer ersten Fahrt außer Dienst gestellt wurde, war ihr Antrieb, eine Dampfmaschine, längst kaputt. Die Fähre wurde nur noch gezogen. Das Schiff ist heute im Wolgaster Museumshafen zu sehen.

Noch ein Dutzend Kilometer weiter geht die Reise auf dem immer breiter werdenden Peenestrom. Schließlich mündet er in den Greifswalder Bodden – bei Peenemünde.

Und nun?

Die Wolgaster Brücke ist eine Reise wert, am besten mit der Usedomer Bäderbahn. Im alten Bahnhof Karnin gibt es ein Museum über die Geschichte der Karniner Brücke.

Großer und Kleiner Morgen

Der Maler Philipp Otto Runge in Wolgast – Ein Blatt für Goethe –
Das Geburtshaus im Kronwiek – Die Familie – Zweimal Glück gehabt –
Caspar David Friedrich, Greifswald und der Mönch am Meer

Im einundzwanzigsten Gesang der »Ilias« erzählt Homer von der Begegnung des griechischen Helden Achill mit dem Flußgott Skamandros.
Achill hat seinen Freund Patroklos verloren. Er rast vor Zorn und
vernichtet – es ist der Trojanische Krieg – die Trojaner im Dutzend.
Da will sich der Fluß Skamandros gegen Achill stellen, was so viel
heißt wie: Er will den Helden ertränken. »So erreichte der Strom in
flutendem Lauf den Achilleus stets, wie behend er auch war; denn
Götter sind stärker als Menschen«, heißt es bei Homer in der Übersetzung von Johann Heinrich Voß. Skamandros ist allerdings nur
eine Art Untergott. Höherem Befehl hat er sich zu beugen. Auf Heras
Weisung muß ihr Sohn Hephaistos eingreifen. Hephaistos ist, wenn
man das von Göttern so sagen darf, von Beruf Schmied. Er schickt
das Feuer. Das Feuer läßt das Wasser zurückweichen in das gewohnte
Flußbett. Achill wird vorläufig gerettet, bevor er später vor den Toren
Trojas von einem göttlichen Pfeil tödlich in die Ferse getroffen wird –
in die nach ihm benannte Achillesferse.

Die Szene zwischen Achill und Skamandros hat der 24 Jahre alte
Philipp Otto Runge in mehreren Fassungen gezeichnet. Runge war
1777 in Wolgast in der Kronwiekstraße direkt am Hafen geboren
worden – als neuntes Kind und fünfter Sohn von Daniel Nicolaus
Runge, der in Wolgast Schiffsreeder und Kaufmann war. Das barocke
Geburtshaus steht noch, auch wenn es vielfach umgebaut worden ist.
Es ist heute das Rungehaus, ein Museum. Philipp Otto hatte zehn
Geschwister. 1781 lebten sie alle in dem Haus Kronwiek 45, die Kin-
der, die Eltern und eine Großmutter – insgesamt dreizehn Personen.
Wie eng muß es in den zwei Etagen des Hauses gewesen sein! Die
Treppe in das erste Geschoß ist sehr steil. Der Besucher bekommt
eine Ahnung, welches Zimmer welche Funktion hatte, wo die Öfen
standen und von wo sie geheizt wurden und wo die Küche mit dem
offenen Abzug über dem Herd eingerichtet war.

Ein Jahr später zog die Familie in die Burgstraße in ein größeres
Haus. Philipp Otto war als Kind fast nur zu Hause. Er war oft krank.
»Dadurch, daß ich fast sieben Jahre nacheinander krank war (von
mein elftes bis in mein achtzehntes), wurde ich von der Schule abgehalten und hatte unterdes lauter schöne Sachen gemacht, vorzüg-
lich aus Papierschnitzeln, zu drechseln und am Ende gar in Holz zu
schneiden«, schrieb er an Goethe. Es war eine Kindheit, als wäre der
frühe Tod vorbestimmt: Der Maler Philipp Otto Runge starb 1810.

Er wurde 33 Jahre alt. Aber auch sein jüngster Bruder, 1781 geboren, war immerzu krank und bekam häufig Nasenbluten. Er jedoch wurde achtzig Jahre alt und überlebte alle seine Geschwister. Der älteste Bruder Daniel, eigentlich Johann Daniel, wurde Kaufmann in Hamburg. Dorthin wurde auch Philipp Otto Runge geschickt. Er konnte aber seinen Bruder von seiner malerischen Begabung überzeugen – zumal Daniel selbst einen intellektuellen Zug hatte, von Zeitgenossen als außerordentlich geistreich beschrieben wurde und viel später das war, was wir heute einen Publizisten nennen würden. 1798 jedenfalls hatte es die Familie Runge hingenommen, daß sie einen Künstler in ihrer Mitte hatte, der von seiner Kunst allein wohl kaum würde leben können. Philipp Otto wurde an die Akademie nach Kopenhagen geschickt. Dort wurde es ihm bald zu langweilig, so wie es jedem Genie irgendwann an der Akademie zu langweilig wird.

In diese Zeit, 1801, fiel seine Idee, eines der Blätter »Achill und Skamandros« beim alljährlichen Preisausschreiben der Weimarer Kunstfreunde einzureichen. Die Zeichnung ist etwas breiter als einen halben Meter und einen halben Meter hoch. Die Figuren sind sehr plastisch. Man sieht ein paar erschlagene Trojaner, den Achill in voller Rüstung und den Flußgott, der im Begriff steht, Wasser aus einer Urne auf den Helden zu schütten. Im Hintergrund schwebt Pallas Athene in den Wolken, die so göttliche wie militante Freundin des Militärs Achill. Goethe sah das Blatt. Über Johann Heinrich Meyer, einem seiner Sprachrohre, ließ er sein Urteil in einer Rezension in den »Propyläen« mitteilen: »Allein die Zeichnung ist nicht gutzuheißen, sie ist unrichtig und maniriert.« Die Rezension endet mit der Unfreundlichkeit, Runge solle künftig die »Werke großer Meister aller Zeiten in Hinsicht auf den Gang der Gedanken« betrachten.

Das aber traf Runge nicht mehr. Er hatte sich zu diesem Zeitpunkt von dem abgewandt, was gängige Kunstauffassung oder einfach gesagt Mode war. Er fand sein eigenes Blatt nicht mehr wichtig. Es war sozusagen mittelmäßiger Klassizismus. Es war das, was alle machten. Allerdings antwortete Runge den Weimarer Kunstfreunden noch, wenn auch in einem Brief an Bruder Daniel: »Die Kunstausstellung in Weimar und das ganze Verfahren dort nimmt nachgerade einen ganz falschen Weg, auf welchem es ganz unmöglich ist, irgend etwas Gutes zu bewirken.« Warum noch weiter bemühen, »etwas Mittelmäßiges zu liefern«, setzte er hinzu.

Er ging nach Dresden. Runge war befreundet mit fast allen Vertretern der romantischen Szene, mit Caspar David Friedrich, der in Greifswald, in der Nachbarschaft von Wolgast, geboren wurde und mit dem er sich schon früher getroffen hatte, und mit Ludwig Tieck. Er lernte die Brüder August Wilhelm und Friedrich Schlegel kennen, auch Friedrich von Hardenberg, der sich Novalis nannte und mit dem er

Das Wohnhaus von Philipp Otto Runge in Wolgast

ein Schicksal teilen sollte: den allzufrühen Tod. Trotz dieses Umgangs riß auch sein Kontakt nach Weimar und zu Goethe nicht ab. Erstaunlich viele Briefe wurden gewechselt. Goethe, der die Natur des Lichtes ergründen wollte und sich dabei klüger als Newton dünkte, interessierte sich für Runges »Farbkugel«. Der Maler hatte Goethe 1809 seinen kleinen Aufsatz geschickt, dessen Sinn sich vielleicht am besten aus dem letzten Satz erschließt: »Da die Kugel aber die notwendige Figur ist, welche die Konstruktion der Verhältnisse der fünf materiellen Elemente, Weiß, Schwarz, Blau, Gelb, Rot, zueinander umfaßt, so möchten sich durch diese gefundene Figur in der Folge vielleicht die reinen Einsichten in die innere Natur dieser Erscheinung bestimmter ausdrücken lassen.«

Runge war wie Goethe vielseitig interessiert und eine vielseitige Begabung. Als Maler und Zeichner beschäftigte er sich auch mit Scherenschnitten oder entwarf Spielkarten und Bühnenbilder. Eine Spielkartenfigur trug – es war die Zeit von Napoleons Herrschaft über Preußen – das Gesicht Ferdinand von Schills. Runge schrieb aber auch – und keineswegs nur all die vielen Briefe, die von ihm überliefert sind, oder Kunstmanifeste. Wir verdanken ihm zwei Märchen. Das bekannteste ist »Von dem Fischer und syner Fru«, das oft auf Hochdeutsch nacherzählt wurde. So von dem Schriftsteller Uwe Johnson, der auch ein Pommer war und in Anklam in der Nähe von Wolgast aufwuchs. Das zweite Märchen heißt »Von den Machandel Bohm«. Auch das wurde später von einem bekannten Landsmann nacherzählt: Dem auf Rügen geborenen und in Greifswald aufgewachsenen Wolfgang Koeppen. Als Goethe von der lebensgefährlichen Krankheit Runges – es war Lungentuberkulose – hörte, schrieb er nach Hamburg an Friedrich Christoph Perthes: »Daß wir Herrn Runge verlieren sollen, schmerzt mich sehr.«

Perthes war Verleger. Er gehörte zum Hamburger Freundeskreis von Daniel Runge, der Philipp Otto die erste geistige Anregung geboten hatte. 1799 entstand ein Porträt von Perthes, in dessen Verlag später die von David herausgegebenen (und leider auch bearbeiteten) Briefe und Schriften Philipp Ottos erschienen. In Hamburg las man die Bücher von Tieck, Schlegel oder Wilhelm Heinrich Wackenroder. In Dresden lernte Philipp Otto Runge einige der Autoren kennen. Runge hatte sich endgültig von dem befreit, was in der Kunst seiner Zeit das Übliche war. Ihm blieben zehn Jahre bis zu seinem Tod, um seine Kunstauffassung theoretisch und praktisch darzulegen. Er wollte nichts weniger als ein neues Gesamtkunstwerk oder, um es mit seinen Worten zu sagen, »die Begier nach der Möglichkeit neuer Bilder«. An Runge läßt sich zeigen, weshalb uns die Romantik als der Beginn der Moderne in Deutschland gilt. Philipp Otto Runge ist neben Caspar David Friedrich der »Hauptmeister der romantischen Malerei«. Seine Briefe zeigen, wie sehr er in seine Gedankenwelt versunken war. Etwa in folgendem Schachtelsatz, der übrigens nur der zweite Teil eines noch viel längeren Satzes ist: »Ich glaube ferner, obgleich die Alten die Geheimnisse der Natur empirisch erfaßt, daß die Erfahrung, wie die Grundprinzipien der Elemente ihrer Kunst verlorengegangen, gleichwohl beweiset, daß sie nicht erkannt hatten, daß aber, da, wie der Augenschein lehrt, die Zeit dahin drängt, alle Erkenntnis theoretisch zu erfassen, wir (unvermögend, gegen den Strom zu schwimmen und einzeln eine Herrlichkeit zu erjagen, die alle Kräfte der italienischen und niederländischen Kunst noch nicht erringen konnten) die Gedanken so rein und gewissenhaft verfolgen und so groß erfassen sollen, daß das Bestreben der Zeit in denselben Hafen einlaufe, in welchen auch die Bestrebungen der großen Künstler einliefen.« So wolle er, setzt Runge fort, die Menschlichkeit befördern, »in welcher die Kunst ein so wohlschmeckendes Gewürz ist«. Sein älterer Bruder David drängte ihn, er solle nicht so viel Theorie betreiben, sondern malen. Philipp Ottos Antwort darauf ist verblüffend: »Mein Wille ist es, wo möglich zu bewürken, daß man lieber Fehler in der Ausführung übersieht als in dem Gedanken.«

So malte Runge seine beiden ersten großen Bilder. »Die Lehrstunde der Nachtigall«, die in zwei Fassungen 1804/05 entstand, ist zwar ein wunderschönes Motiv und ebenso wundervoll gemalt, aber die eigentliche Bedeutung ist sozusagen eine intellektuelle. Nicht das ovale Bild allein war Runge wichtig, sondern auch der Rahmen, der das Gemälde auf eine andere Art noch einmal erzählt: das Hohelied der Liebe. Auch geht dieses Bild auf die Ode Klopstocks »Lehrstunde der Nachtigall« zurück. Der Maler hat sieben Zeilen unter sein Bild geschrieben, die allerdings den Text nicht ganz genau wiedergeben. Richtig heißt es bei Klopstock: »Flöten mußt du, bald mit immer stärkerem Laute, bald mit leiserem, bis sich verlieren die Töne; Schmettern dann, daß es die Wipfel des Waldes durchrauscht. Flöten, flöten, bis sich bei den Rosenknospen verlieren die Töne.« Das zweite Bild »Triumph des Amor« geht auf Herder zurück: »Liebe, dich trägt ein Wagen, von Schmetterlingen gezogen, und du regierst sie sanft, spielend die Leier dazu. Gütiger Gott, laß nie, laß nie die Fessel sie fühlen. Unter melodischem Klang fliegen sie willig und froh.« Die beiden Gemälde waren indes nur Vorarbeiten für den »Tageszeiten«-Zyklus, mit dem der Maler 1808 begann und der unvollendet geblieben ist. Es gibt vier Zeichnungen als Kupferstichvorlagen, die eine Ahnung von dem aufkommen lassen, was Runge wollte. Ausgeführt hat er nur den Morgen – als »Kleinen Morgen« 1808 und als »Großen Morgen« 1809. Beide Gemälde gehören sicher zu dem Schönsten, was je gemalt wurde, und werden bis heute gern als Illustrationen verwendet. Die Kinder, die im »Triumph des Amor« und in der »Lehrstunde der Nachtigall« vorkommen, treffen wir hier wieder wie auch die Lilien und überhaupt die vielen Pflanzenmotive. Der Zyklus war streng konzipiert. Er war sozusagen eine rein geistige Angelegenheit. Dennoch sind die »Morgen«-Gemälde grandios bis in das kleinste Detail hinein gemalt und von einer überbordenden hellen Farbigkeit, die alle Theorie dahinter vergessen läßt.

Runge war zu diesem Zeitpunkt schon ein bekannter Maler. Wirtschaftlich war er dank der Hilfe seines Bruders Daniel unabhängig. Als er die »Lehrstunde der Nachtigall« hätte verkaufen können, nannte er einen viel zu hohen Preis, nur um das Gemälde behalten zu können. Für die Fischerkapelle in Vitt auf Rügen malte er »Petrus auf dem Meer«. Für eine Greifswalder Kirche malte er die »Ruhe auf der Flucht«. Diese beiden einzigen Gemälde Runges mit biblischen Motiven sind heute in Hamburg. Ihre Bestimmungsorte haben sie nie erreicht. In Vitt hängt eine Kopie des Runge-Bildes.

Runge war ein gefragter Porträtist. 1805/06 malte er die Kinder eines Geschäftsfreundes seines Bruders Daniel. Er hieß Friedrich August Hülsenbeck. Das Bild zeigt die Kinder im Garten. Zwei ziehen einen Bollerwagen, in dem das jüngste sitzt. »Die Hülsenbeckschen Kinder« gilt als das schönste Kinderbildnis überhaupt. Auch die »Kleine Perthes« malte er, eine der Töchter des Hamburger Buchhändlers und Verlegers. Zum gleichen Zeitpunkt entstand ein großformatiges Bildnis der Eltern Runges, das allein Runge sicher berühmt gemacht hätte. Er hat sich immer wieder auch selbst gemalt. Das »Selbstporträt mit braunem Rock« stand am Ende seines Lebens. Es zeigt einen nachdenklichen und ernsten, aber auch selbstbewußten und in sich ruhenden Runge.

Der Maler hatte zwar nur ein kurzes, aber glückliches Leben. Zweimal verhalf ihm Bruder Daniel zu seinem Glück. Das erste Glück war seine Künstlerschaft. 1798 jubelte er: »Es ist erstaunlich schön, ein Künstler zu sein, so lebendig ist keinem anderen Menschen die ganze Welt, und ich bin doch erst im ersten Anfange; welche Seligkeit liegt mir in der Zukunft.« Sein zweites Glück war seine Frau Pauline. In Dresden hatte er sie kennengelernt. Ihre Eltern wollten die Verbindung nicht. Wieder war es Daniel, der für seinen Bruder warb. Ein erster Versuch 1801 scheiterte. Erst im April 1804 konnte Philipp Otto sich mit Pauline Bassenge verloben. Die beiden zogen nach Hamburg, lebten aber auch ein Jahr lang in Wolgast. Dankbar malte Runge das Porträt »Wir Drei«, das Pauline, Daniel und ihn zeigt: Sie lehnt sich an ihn an und gibt dem links stehenden Daniel gleichzeitig die Hand. Das Gemälde verbrannte 1931 im Münchener Glaspalast zusammen mit einer ersten Fassung der »Lehrstunde der Nachtigall« und der »Mutter an der Quelle«. Paulines Porträt findet sich in der »Lehrstunde der Nachtigall«. Aber auch später hat Runge seine Frau immer wieder gemalt.

Das Paar hatte vier Kinder. Pauline ging nach dem Tod ihres Mannes mit den Kindern zurück nach Dresden. Dort gab sie Französischstunden. Sie wurde 95 Jahre alt und überlebte ihren Mann um 71 Jahre. Ihr ältester Sohn Otto Sigismund blieb bei Daniel in Hamburg. Später studierte er an der Akademie in Dresden und wurde Bildhauer. 1834 arbeitete er in Schwerin am Schauspielhaus. Das Musenbild war sein Werk. Es wurde zerstört, als das Theater 1883 abbrannte. Auch er heiratete eine Pauline. Später war er am Wiederaufbau des von einem Brand zerstörten Winterpalais in St. Petersburg beteiligt. Im Boudoir der Kaiserin schuf er das Basrelief »Erziehung des Menschengeschlechts«. Sein Sohn besaß später eine chemische Fabrik in Berlin.

Der Zufall wollte es, daß die beiden wichtigsten Maler der deutschen Frühromantik in pommerscher Nachbarschaft geboren wurden: Philipp Otto Runge 1777 in Wolgast und Caspar David Friedrich 1774 in Greifswald. Sie kannten sich. Runge war bei Friedrich in Greifswald zu Gast gewesen, bevor sie in Dresden auch an einem Ort lebten. Das Geburtshaus Runges war über viele Jahre lang vergessen, aber es steht noch. Friedrichs Geburtshaus gibt es nicht mehr. Das Gebäude in der Langen Straße in Greifswald ist ein Nachfolgebau. Nur die Seifensiederei auf dem Hof gegenüber der Nikolaikirche ist historisch. Friedrich hat seiner Heimatstadt 1816 ein Aquarell gewidmet, das seine Familie auf dem Greifswalder Marktplatz zeigt. Das Bild ist heute im Pommerschen Landesmuseum. Wolgast hat nichts von Runge und auch nichts mehr von der Familie. Dabei wollte der Maler um 1800 ein zwei mal drei Meter großes Familienbildnis malen, ein Wandbild, das im Haus von Jacob Runge seinen Platz finden sollte,

»Die Hülsenbeckschen Kinder« von Philipp Otto Runge

einem Bruders des Malers, der in Wolgast blieb und hier eine Tabak-
fabrik gründete. Runges Bild sollte die »Heimkehr der Söhne« zeigen – nicht als biblisches Motiv, sondern als bürgerliches Genrebild
in allerdings monumentaler Auffassung. Siebzehn Personen sollten
darauf zu sehen sein. Es gibt mehrere Entwürfe, aber das Wandbild
selbst entstand nie. Eine Reproduktion im Rungehaus vergrößert den
Entwurf auf die geplante Bildgröße.
Runge war ein dem Leben zugewandter Mann, offen und rückhalt-
los. Er hatte bei aller Theorie in seinem Werk Sinn für das Praktische.
So half er seinem Bruder Daniel und war für ihn oft in Geschäfts-
angelegenheiten unterwegs. Er wäre in der schwierigen Zeit 1806/07
wohl auch bereit gewesen, Daniels Geschäftspartner zu werden.
Nach der Schlacht von Jena und Auerstedt, als Napoleon die preußische Armee vernichtend geschlagen hatte, war Philipp Otto in Wolgast dabei, als ein Teil der preußischen Bagage über den Peenestrom
gerettet werden konnte.
Runge wurde 33 Jahre alt, Friedrich 66. Caspar David Friedrich war
ein schwermütiger Mensch, der, je älter er wurde, dem Leben immer
weniger abgewinnen konnte. Man vergleiche nur die Hauptwerke der
beiden Maler: Runges überschäumende »Morgen«-Bilder und Friedrichs dunkles Gemälde »Mönch am Meer«. Runge war die Landschaft
unwichtig. Friedrich wurde ein Landschaftsmaler, dessen Meerstücke

oder Gebirgsfelsen mythisch aufgeladen waren. Runge und Friedrich wurden in ihrem Jahrhundert fast vollkommen vergessen. Runges Bilder kamen in die Hamburger Kunsthalle, wo sie ihr Gründer Alfred Lichtwark 1906 in der »Jahrtausendausstellung« einem staunenden Publikum zeigte. Friedrichs Hauptwerke sind heute in Berlin und Dresden. Seine Arbeiten erlebten erst 1973 dank einer großen Ausstellung in München eine neue Aufmerksamkeit. Runge wurde in Hamburg begraben, Friedrich in Dresden. Beider Grabstätten sind heute noch zu sehen.

Und nun?
Der Besucher von Wolgast sollte sich die St. Petrikirche anschauen und auf den Turm steigen. Wer nun einen Überblick von Wolgast hat, mag noch das alte Rathaus und die Gertrudenkapelle besuchen und sich im Rungehaus in der Kronwiekstraße umsehen.

Der Traum vom Fliegen

Otto Lilienthals Geburtsstadt Anklam – Die Familie – Die Brüder –
Ihre Erfindungen – Begründer der Flugwissenschaft – Flugstunden und
Fliegeberge – Absturz und Tod – »Lady Agnes« – Das Anklamer Denkmal

In der Anklamer Peenstraße, auf halbem Weg zwischen Markt und
Peene-Hafen, stand das Geburtshaus von Otto Lilienthal. Es wurde
im April 1945 zerstört, als die russische Feuerwalze über die Stadt
hinwegging. An der Stelle steht heute eine Porträtplastik Lilienthals
von dem Dresdner Bildhauer Walter Howard. Otto war das erste von
acht Kindern. Fünf von ihnen starben früh. Von Lilienthal ist der
Satz überliefert, wie traurig es doch sei, am Grab der Geschwister zu
stehen, mit denen man schon gespielt habe. Der Vater war ein Tuch-
händler, die Mutter eine Sängerin, die allerdings nur noch gelegent-
lich mit ihrer großen Familie singen konnte. Die Geschäfte liefen
nicht gut in Anklam. Deshalb beschloß die Familie, nach Amerika
auszuwandern. Kurz vor der Abfahrt aber starb der Vater. Die Mutter
mußte sich fortan als Putzmacherin verdingen. Manchmal konnte sie
auch mit Singen oder Musikstunden etwas Geld verdienen. Drei Kinder waren ihr geblieben – und die sollten wenigstens eine gute Ausbildung bekommen. Einmal will die Mutter sogar davon geträumt
haben, daß ihr Sohn Otto fliegen könne – um in eine andere, bessere
Welt zu reisen. Wie durch ein Wunder blieb das Anklamer Gymna-
sium im Krieg stehen. Es trägt heute den Namen Otto Lilienthals.
Der berühmteste Schüler war – so geht es ja oft – nicht der beste.
Otto langweilte sich im Unterricht. Er schrieb zum Zeitvertreib ein
Mathematikbuch. Interessant waren für ihn vor allem die nächtlichen
Ausflüge mit seinem Bruder Gustav. Beide übten im Schutz der Dunkelheit das Fliegen, denn sie wollten des Spottes der anderen wegen
dabei nicht gesehen werden. Daß sie schon als Kinder an das dach-
ten, was sie später erreichen würden, ist verblüffend. Es muß etwas
mit der Zeit zu tun gehabt haben, in der so viel erfunden, erdacht,
gebaut und begründet wurde. Ein Zeitgenosse der Lilienthal-Brüder
war Heinrich Schliemann, der seinen Traum von Troja träumte und
ihn sich Jahrzehnte später tatsächlich erfüllte.
Mit Ottos schulischen Leistungen wurde es besser, als er Anklam verließ und an die Gewerbeschule nach Potsdam kam. Schließlich zog
er nach Berlin in eine winzige Dachkammer am Oranienburger Tor.
Er arbeitete in der Maschinenbaufirma Schwartzkopff in der Chaus-
seestraße. Später studierte er Maschinenbau an der Gewerbeakade-
mie, der späteren Technischen Hochschule. Weil Otto wegen seiner
Leistungen ein Stipendium bekam, konnte auch Bruder Gustav nach
Berlin folgen. Er wohnte mit in der Kammer und studierte an der

Bauakademie. In den Vormundschaftsakten heißt es über Otto, er sei zum Maschinenbauer bestimmt. Und so kam es. Otto schrieb später: Auffällig sei es, »daß von uns beiden gerade mein Bruder der Künstler wurde, während ich mich der Technik in die Arme warf«.

Ottos erste große Erfindung war der sogenannte Schlangenrohr-Kessel. Dessen Vorzug bestand in seiner Gefahrlosigkeit. Er konnte deshalb überall eingebaut werden. Andere Erfindungen der Brüder Lilienthal kennt noch heute jeder. Otto entwickelte die sogenannte Akkordsirene für das Nebelhorn. Gustav verdanken wir die Anker-Bausteinkästen. Überhaupt verdiente Gustav zunächst sein Geld mit Spielzeug. Er war von großer Unrast erfüllt, ging nach Australien und kehrte nach ein paar Jahren nach Berlin zurück. Er baute einfache Häuser, die für Obdachlose gedacht waren. Er konstruierte Fertighäuser. Sogar als Villen im Tudor-Stil, wie sie heute noch in Berlin-Lichterfelde oder Potsdam-Babelsberg zu sehen sind.

Otto konnte 1881 seine eigene Firma eröffnen, die bis zum Ersten Weltkrieg bestand. Neben Maschinen verschiedenster Art gab es bei Lilienthal später auch schon Flugobjekte. Sie wurden in Serie hergestellt, kosteten fünfhundert Goldmark und verkauften sich sogar in Amerika. Die Lilienthals waren auch sonst der personifizierte Zeitgeist, voller Glauben an den Fortschritt und das Gute im Menschen. Otto beteiligte seine Arbeiter am Gewinn der Firma und schaffte den Akkord ab. Die Brüder gründeten die Wohngenossenschaft »Freie Scholle« in Berlin-Tegel, die es noch gibt. Otto trat als Schauspieler auf und war derart begeistert von den Dramen Gerhart Hauptmanns, daß er sich an einem sozialkritischen Stück versuchte. »Moderne Raubritter« hieß es.

Niemand würde jedoch von alledem heute noch etwas wissen, hätte es nicht den »Flugpionier« Otto Lilienthal gegeben. Den Mann, der aus dem Fliegenwollen das Fliegenkönnen machte. Wenn die Menschen erst einmal fliegen könnten, sagte er, könne man sich nicht mehr vorstellen, daß es noch Grenzen zwischen Ländern geben würde, »daß Zölle und Kriege dann noch möglich sind«. Eine Weltsprache müßte entstehen und der ewige Friede würde ausbrechen. Er konnte nicht ahnen, daß nur wenige Jahrzehnte später ausgerechnet aus der Luft die schlimmsten Kriege geführt und die schrecklichsten Verbrechen begangen werden sollten. Lilienthal war von seinem Glauben an die unbegrenzten Fähigkeiten des Menschen so erfüllt, daß er noch im Angesicht seines Todes gesagt haben soll: »Opfer müssen gebracht werden.« Selbst wenn es sich so nicht zugetragen haben mag, ist es als Anekdote doch treffend erfunden.

Zu Lilienthals Zeit hatte der Mensch den Himmel bereits seit einem Jahrhundert erobert – durch die Leichter-als-Luft-Technologie, sprich den Ballon. Daß es auch Flugobjekte geben könnte, die schwerer als

Otto Lilienthal bei einem Flugversuch 1893 auf der Steglitzer Maihöhe

Luft sind und deren Bahn von Menschenhand gesteuert wird, war unvorstellbar. Schon als Kinder hatten Otto und Gustav in Anklam Störche beim Starten, Fliegen und Landen beobachtet. Otto Lilienthal sah im Vogelflug das Vorbild für den Flug des Menschen. 1889 veröffentlichte er seinen Aufsatz »Der Vogelflug als Grundlage der Fliegekunst«. Er mußte die Veröffentlichung des Buches selbst bezahlen, weil kein Verleger das Risiko auf sich nehmen wollte. Und dann wollte auch kaum jemand das Buch haben. Dabei hatte Lilienthal ein bahnbrechendes Werk geschrieben. Er hatte eine der wichtigsten Fragen der Flugphysik beantwortet. Er hatte erkannt, daß Flügel gewölbt sein müssen, um im Luftstrom nach oben zu steigen. Die in seinem Buch enthaltene grafische Darstellung des Zusammenhanges zwischen Auftrieb und Widerstand unter Angabe des Anstellwinkels wird noch heute benutzt und als Lilienthalsche Polare bezeichnet. Die beiden anderen Grundfragen blieben zunächst aber unbeantwortet: Wie kann ein Flugobjekt angetrieben und wie kann es gesteuert werden?

Erst nach jahrelangen Beobachtungen, Messungen und theoretischen Überlegungen begann Lilienthal mit seinen Flugversuchen. Er war kein Abenteurer. Er war nicht der Spinner, für den ihn die Berliner hielten, als sie in Lichterfelde seinen Flugversuchen zusehen durften. Für die Berlinerinnen übrigens dürfte Lilienthal noch aus einem anderen Grund von Interesse gewesen sein, der aber mit dem Fliegen nicht viel zu tun hatte. Lilienthal war ein hochgewachsener, stattlicher Mann mit blondem Bart, kräftig und sportlich. Und bei ihm deutete sich schon an, daß die neue Technik des Fliegens auch eine neue Mode hervorbringen würde. Er trug eine Kappe, ein Baumwollhemd und enge weiße Kniehosen. Nein, Lilienthal war keineswegs ein – hier ist das Wort wörtlich zu nehmen – Spaßvogel. Er ging wissenschaftlich an die Sache heran und wurde so zum Begründer der Flugwissenschaft.

Seine ersten Versuche waren nichts weiter als ein wildes Herumgehopse. Seine Fluggeräte sahen weniger aus wie die Flügel von Vögeln, sondern mehr wie die von Fledermäusen. Was den Zeitgenossen besonders lächerlich vorkam, daß nämlich der Pilot im Fluggerät buchstäblich hing und die Beine herabbaummelten, war lebensnotwendig. So konnte der Pilot nicht herausfallen, wenn er mit seinem Körpergewicht steuerte. Er konnte aber auch mit seinen Füßen starten und landen – genau wie die Vögel.

Im Sommer 1891 gelang es Otto Lilienthal, ein paar Meter weit zu gleiten. An welchem Tag das genau war, wußte er später nicht mehr zu sagen. Seine Flugversuche gingen in die Tausende. Aber berühmt geworden ist der Satz von Ferdinand Ferber, der wie Lilienthal ein Flugpionier war und wie Lilienthal nach einem Absturz starb: »Der Tag des Jahres 1891, an dem Lilienthal die ersten fünfzehn Meter in der Luft durchmessen hat, gilt für mich als der Augenblick, in dem die Menschheit das Fliegen erlernte.« Das war in Derwitz bei Potsdam. Lilienthal hat an verschiedenen Stellen experimentiert. Zuerst in Lichterfelde, wo er aus Schutt einen Fliegeberg aufrichten ließ. Später in Derwitz und im Ländchen Rhinow nordwestlich von Berlin, auf dem Hauptmanns- und dem Gollenberg. Achtzehn Flugapparate hat er gebaut, aus dünnen Weidenruten, die mit Baumwollstoff bespannt waren. Nachdem das Bauprinzip einmal als richtig erkannt war, versuchte er, größere Flügelflächen zu konstruieren, die dennoch für den Piloten beherrschbar bleiben mußten. So erfand er den Doppeldecker. Er versuchte es mit Fluggeräten, die den Vogelflug nachahmten, indem ein Motor die Flügel bewegte. Das erwies sich als Irrweg. Er probierte verschiedene Steuerungssysteme aus in Form von Windrudern. Aber mit einer echten Steuerung aus Längsachse, Hochachse und Querachse hatte das noch nichts zu tun. Bald unternahm er Gleitflüge von 250 Metern Länge. Weil es ohnehin die Zeit der Erfindungen war, standen damals auch schon Fotografen bereit, um Lilienthals Sprünge im Bild festzuhalten.

Sein Tod, vor allem der Ort seines Todes ist eine eigene Geschichte: Am 9. August 1896 unternahm der 48 Jahre alte Lilienthal Flugversuche auf dem 110 Meter hohen Gollenberg bei Stölln, der damals noch nicht bewaldet war. Das Wetter war schön, der Wind weder zu stark noch zu schwach. Lilienthal wählte seinen Gleiter Nummer 11. Er sprang ab, flog einige Meter weit, blieb dann, wohl durch eine

Flugobjekte in der Anklamer Nikolaikirche

unkalkulierbare thermische Bewegung, regelrecht in der Luft stehen, um Augenblicke später aus einer Höhe von fünfzehn Metern wie ein Stein auf die Erde zu fallen. Er wurde in das Gasthaus von Stölln gebracht, das heute »Zum letzten Flieger« heißt. Einen Tag später brachte man ihn per Bahn nach Berlin – in dem Bett, in das man ihn in Stölln gelegt hatte. Seine Frau Agnes, der man nur gesagt hatte, ihr Mann sei verletzt, sah einen todkranken Menschen: Das Rückgrat war gebrochen. Am selben Tag starb Otto Lilienthal. Auf dem Gollenberg ist die Stelle markiert, wo er absprang. Wo er aufschlug, steht seit 1956 ein von Fliegern errichteter Gedenkstein mit einem Vers aus einem Lilienthal-Gedicht darauf: »Es kann deines Schöpfers Wille nicht sein, dich Ersten der Schöpfung dem Staube zu weih'n, dir ewig den Flug zu versagen.« Das Gedicht steht in dem Buch über den Vogelflug.

Überhaupt wird heute auf allen Flugbergen Lilienthals an ihn erinnert. In Berlin-Lichterfelde steht in der Nähe ein 1914 errichtetes Denkmal, das einen Menschen zeigt, der gerade zum Flug abheben will. Es wurde als das schönste Denkmal bezeichnet, was man je einem

Techniker errichtet hat. Peter Breuer hat es geschaffen und war dabei von der Sage von Dädalus und dessen Sohn Ikarus angeregt. Auf dem Fliegeberg in Lichterfelde entstand ein Gedenkpark. Auf dem 95 Meter hohen Hauptmannsberg steht seit einigen Jahren eine Plastik. Auf dem Windmühlenberg in Derwitz wurde 1991 eine Installation errichtet, die an Lilienthals Fluggeräte erinnert.

Die amerikanischen Brüder Wilbur und Orville Wright, denen 1903 der erste Motorflug gelang, haben Lilienthal stets als ihr großes Vorbild betrachtet. »Wie Sie wissen, hegen wir große Bewunderung für das Werk Ihres verstorbenen Gatten. Er war einer der Großen der Menschheit«, schrieb Orville nach dem Tod Lilienthals an Agnes. Ein Scheck über tausend Dollar lag dabei.

Agnes und Otto Lilienthal werden in Stölln noch heute auf eine besondere Weise geehrt. Dazu muß man folgende Geschichte erzählen: Am Gollenberg war im Laufe der Zeit ein Segelflugplatz entstanden. Am 23. Oktober 1989 aber landete auf dem Flugplatz, der nur eine Grasnarbe hat, ein sowjetisches Passagierflugzeug, eine Iljuschin 62. Es war ihr letzter Flug. Sie sollte ausgemustert werden. Ein erfahrener Pilot der DDR-Fluggesellschaft Interflug hatte sich bereit erklärt, die Maschine nach Stölln zu fliegen. Der Flugplatz mußte zu diesem Zweck erweitert werden. Die Erde wurde so gut es ging festgeklopft. Bäume mußten gefällt werden. Die Feuerwehr rückte vorsichtshalber an. Mehrfach versuchte der Pilot die Landung. Einmal startete er im letzten Augenblick wieder durch, weil es ihm doch zu gewagt erschien. Das sah gefährlich aus. Schließlich gelang das Unwahrscheinliche. Das Flugzeug setzte auf und kam in einer riesigen Staubfontäne zum Stehen. Eine 860 Meter lange Landebahn würde er benötigen, hatte der Pilot ausgerechnet. Achthundert Meter hat er gebraucht. Sein damaliger Kopilot kam später auf die Idee, in dem abgestellten Flugzeug zu heiraten. Er heiratete eine Stewardeß. Seitdem dürfen auch offiziell Ehen in dem Flugzeug geschlossen werden. Das ist zwar nicht ganz im Himmel, aber immerhin. Das Flugzeug wurde nach Lilienthals Frau benannt. Es heißt »Lady Agnes«.

Zurück aber nach Anklam: Im Otto-Lilienthal-Museum sind seine Flugmodelle in Nachbauten zu sehen. Die Besucher dürfen wie einst der junge Lilienthal experimentieren. Sie dürfen fliegen, wenn auch nur virtuell am Computer. Am Museum ist eine Tafel angebracht mit der Aufschrift: »Am 23. 9. 1978 besuchte die Besatzung des Raumschiffes Sojus 31, der Fliegerkosmonaut der DDR Sigmund Jähn und der Fliegerkosmonaut der UdSSR Waleri Bykowski, das Heimatmuseum ›Otto Lilienthal‹.« Als Juri Gagarin, der erste Mensch im Weltall, nach seinem Flug 1961 Anklam besuchen wollte, um Lilienthal zu ehren, hatte das große Aufregung in der Stadt ausgelöst. Damals war das Lilienthal-Museum, in das Gagarin geführt wurde, nichts weiter als ein Potemkinsches Dorf. Hals über Kopf waren ein paar Ausstellungsstücke in einem Raum zusammengetragen worden. 1982 wurde am Markt das Lilienthal-Denkmal des Warener Bildhauers Walter Preik errichtet in Form eines aufgerichteten Flugzeugflügels. Ein Hubschrauber flog es in die Stadt ein. Der Optimist Lilienthal wird auf dem Denkmal mit der letzten Strophe aus seinem Gedicht über die Störche zitiert: »Die Macht des Verstandes wird auch im Fluge dich tragen.«

Und nun?
Im Otto-Lilienthal-Museum in der Anklamer Ellenbogenstraße, etwas außerhalb des Stadtzentrums gelegen, kann jedermann Lilienthals Experimente wiederholen. Pflichtprogramm!

Swinemünde

Die Zerstörung der Stadt – Der Golm – Die Grenze –
Rudolf Leptiens »Frierende« – Wolfgang Eckardts Rundbau –
Theodor Fontanes Kinderjahre – Effi Briest in Kessin

Die amerikanischen Bomber kamen am 12. März 1945 in der Mittags-
zeit. Es waren 671 Flugzeuge. Sie warfen 1.600 Tonnen Sprengbomben
auf die Stadt und auf den Hafen von Swinemünde ab. Der Angriff dauerte siebzig Minuten lang. Die Rote Armee, die von Osten nur lang-
sam heranrückte, hatte die Amerikaner angeblich um Unterstützung
gebeten. Wie viele Menschen starben, ist ungewiß. Etwa 100.000 sollen zum Zeitpunkt des Angriffs in der Stadt gewesen sein, die damals
eine Einwohnerzahl von 30.000 hatte. Swinemünde wurde »das Dresden des Nordens«. Der Angriff galt der deutschen Kriegsmarine, die
vor Swinemünde vor Anker lag. Er traf aber die Bewohner der Stadt.
Vor allem traf er die vielen Menschen, die aus den deutschen Ostge-
bieten vor der russischen Front geflüchtet waren. Trotz des Bombenangriffs brauchte die Rote Armee noch bis zum 5. Mai, ehe sie die Stadt
eingenommen und die eigene Fahne gehißt hatte. Viele der Toten des
amerikanischen Luftangriffs wurden in Bombentrichter geworfen die
man zuschüttete. Die meisten aber wurden auf dem Golm bestattet,
der mit 59 Metern höchsten Erhebung auf der Insel Usedom. Es ist
die größte Kriegsgräberstätte Deutschlands – neben der von Halbe in
Brandenburg, wo die Toten aus dem Kessel von Halbe ruhen, einer
der letzten Schlachten des Zweiten Weltkrieges.
Wer auf dem Golm steht, dem wird die besondere, sozusagen dop-
pelte Tragik des Ortes Swinemünde bewußt. Der Golm war früher
ein Ausflugsziel der Swinemünder. Erst gab es auf dem Berg nur ein
Denkmal, das zwar dem preußischen König Friedrich Wilhelm III.
gewidmet war, aber an das Jahr 1721 erinnerte, als Preußen einen Teil
Vorpommerns zu seinem Besitz Hinterpommern hinzubekam. Auf
dem Golm entstand neben dem Denkmal ein Pavillon, wo die Aus-
flügler aus der gehobenen Gesellschaft ihren Tee nehmen konnten.
Der Pavillon überdauerte das Denkmal, war aber 1863 so baufällig,
daß er abgerissen werden mußte. Erst ein Dutzend Jahre später entstand hier eine Ausflugsgaststätte für jedermann. Sie hieß »Onkel
Toms Hütte« und hatte eine Aussichtsplattform, die nach einigen
Jahren durch einen Turm ersetzt wurde. Von alledem ist nichts mehr
zu sehen. Einen Ausflugsverkehr gibt es nicht mehr. Wer von oben
auf Swinemünde schaut, schaut auf den Torfgraben – die deutsch-
polnische Grenze.
Durch den Hitler-Stalin-Pakt von 1939 hatte sich die Sowjetunion das
damalige Ostpolen als Einflußgebiet gesichert. Als die deutsche Wehr-

macht Polen überfiel, marschierten sowjetische Truppen in Ostpolen ein. Später sicherte die Sowjetunion Polen zu, es dürfe sein Gebiet sozusagen als Entschädigung nach Westen bis an die Oder verschieben. Wo genau die Grenze verlaufen sollte, war auf der Potsdamer Konferenz nach dem Sieg der Alliierten über Deutschland noch unklar. In der englischen Fassung des Protokolls wird die Swine als neue Grenze genannt. In der russischen werden Swinemünde und noch ein westliches »Stückchen« Polen zugeschlagen. Die Polen selbst wollten die gesamte Insel Usedom. Darüber wurde im September 1946 verhandelt und noch einmal im Januar 1947 auf der Moskauer Tagung der Außenminister. Derweil stand die Stadt schon unter teils polnischer, teils sowjetischer Verwaltung. Schließlich sprach Stalin offenbar ein Machtwort. So blieb es bei der Grenze etwas westlich von Swinemünde, die den Polen die strategisch wichtige Einfahrt in den Hafen von Stettin sicherte und den Kriegshafen von Swinemünde dazu. Swinemünde wurde Swinoujscie, Stettin Szczecin.

Das Stadtzentrum und der Hafen von Swinemünde waren zerstört. Nur das Seebad hatte den Bombenangriff weitgehend unbeschadet überstanden. Die Insel Usedom verlor ihr Zentrum. Die Bahnverbindung zwischen Ducherow und Swinemünde wurde nicht nur unterbrochen, sondern auch demontiert. Die DDR blieb bis zum Bau des Rostocker Überseehafens ohne größeren Hafen. 1951 wurden die letzten Deutschen ausgesiedelt. Swinemünde ist eine abgeschnittene Stadt. Eine Fähre über die Swine hält den Verkehr aufrecht hinüber zur Insel Wollin. Die Polen zögerten seinerzeit, von der Stadt Besitz zu ergreifen. Sie stand auch jahrzehntelang wegen ihrer strategischen Bedeutung unter sowjetischer Kontrolle. Heute leben 44.000 Menschen in Swinemünde.

Etwa 23.000 Kriegstote liegen auf dem Golm. Eigentlich sind es vier Friedhöfe. Schon seit 1943 waren hier Soldaten beerdigt worden, getrennt nach den Waffengattungen. Nach dem Inferno kamen die Zivilisten hinzu. 1954 errichtete die Kirche ein dreizehn Meter hohes Holzkreuz. Anfang der fünfziger Jahre bekam der damals in Bansin lebende Bildhauer Rudolf Leptien den Auftrag, eine Plastik für das Gräberfeld zu schaffen. Der Bildhauer stammte aus Kiel und hatte bis 1942 in Berlin gelebt. Dann hatte er sich den Zumutungen der Nationalsozialisten entzogen – in das stille Bansin. Er hatte eine schwere Beinverletzung, weil ihm einmal eines seiner steinernen Werke buchstäblich auf die Füße gefallen war. 1977 starb er in Iggensbach im Bayerischen Wald, wo auch sein Grab ist.

1953 entstand die frierende Frau im Soldatenmantel, die heute auf dem Golm zu sehen ist. Das Motiv hatte Leptien schon vor dem Swinemünder Inferno vor Augen – als er im Winter 1945 eine einsame junge Frau, ein Flüchtlingsmädchen, auf der Seepromenade von

Bansin sah, der ein mitleidiger Soldat einen zerschlissenen Militärmantel umgehängt hatte. Das Gesicht des Mädchen hatte einen Ausdruck von völliger Verlassenheit. Leptien schuf zunächst eine Holzplastik. Als er den Auftrag für den Golm erhielt, verwandte er das Motiv noch einmal. Damals durfte die Plastik nicht aufgestellt werden. Denn Leptien war inzwischen nach Westberlin gegangen, wo er ein bekannter Tierbildhauer wurde, und hatte damit, wie das damals genannt wurde, der DDR den Rücken gekehrt. Auch hätten die Auftraggeber wohl sowieso an der »Frierenden« jedes Pathos vermißt. Die Plastik überstand die Zeiten im Garten von Leptiens ehemaligem Grundstück in Bansin. Sie verlor dabei einen Teil der Nase und war schließlich völlig überwuchert. Erst 1984 holten ausgerechnet ein ehemaliger SED-Funktionär und ein Offizier der DDR-Armee Leptiens Werk auf den Golm. Die Nationale Volksarmee half mit Lastwagen und Kran.

Das Holzkreuz war 1954 bei Nacht und Nebel abgesägt worden. Ein christliches Symbol durfte an dieser Stelle nicht stehen. Erst nach dem Ende der DDR konnte ein Ersatz aufgestellt werden. Das Kreuz erhebt sich jetzt am Eingang der Gedenkstätte und ist fünf Meter hoch. Mitte der siebziger Jahre entstand der zweigeteilte Rundbau, der noch zu sehen ist. Die Enge der beiden Durchgänge, die Rauheit des nackten Betons, der Widerhall im Innern des Rundbaus, der jede Stimme sofort senkt – hier sollte ein Ort der Stille und des Nachdenkens entstehen. Den Auftrag dafür hatte 1968 der Rostocker Bildhauer Wolfgang Eckardt erhalten. Im Innern stehen auf der einen Seite die Worte von Johannes R. Becher aus der DDR-Hymne »Auferstanden aus Ruinen«: »Daß nie eine Mutter mehr ihren Sohn beweint.« Auf der gegenüberliegenden Seite hatte Eckardt ein Relief vorgesehen. Der Gipsentwurf zeigt im Mittelteil eine Frau, umgeben von Kindern und Liebespaaren. Rechts sieht man Soldaten mit Stahlhelmen. Manches Gesicht ist schon ein Totenschädel. Für eine »Mahn- und Gedenkstätte gegen Krieg und Faschismus« war das wohl zu pazifistisch gedacht. Das Relief fehlt, der Rundbau blieb unvollendet.

Der Golm war damals ein Ort militärischer Zeremonien und kein Ort der Trauer. Damit ist es vorbei. Heute ist es ein nachdenklich stimmender Ort, den niemand vergißt, der ihn einmal besucht hat. Ein Verein hat ihn nach dem Ende der DDR mühevoll restauriert. Mahnkreuze aus Granit oder Holz wurden aufgestellt wie auch Tafeln mit den Namen der wenigen bekannten Toten auf diesem einzigartigen Friedhof. Auch auf dem Friedhof von Swinemünde gibt es inzwischen einen Gedenkstein für die Toten des Bombenangriffs.

Das alte Swinemünde ist unwiederbringlich verloren. Da tröstet auch nicht, daß zu seiner Zeit Theodor Fontane den Ort ein »unschönes Nest« nannte. »Wählte man, als Beobachtungsposten, den schon mehr-

Die Gedenkstätte auf dem Golm

fach erwähnten Kirchplatz, zu dessen einschließenden Häusern auch unsere Apotheke gehörte, so ließ sich, obschon hier die Hauptstraße vorüberführte, wenig Gutes sagen.« Allerdings setzte Fontane hinzu: Dort wo die Schiffe waren, gab es »jene eigentümliche Lebendigkeit, die Handel und Schiffahrt geben«. So steht es in dem Buch »Meine Kinderjahre«. An anderer Stelle des Buches heißt es: »Die Stadt war sehr häßlich und sehr hübsch, und ein gleicher Gegensatz sprach sich auch, wenigstens auf die moralischen Qualitäten hin angesehen, in ihrer Bevölkerung aus. Es gab hier, wie immer in Seestädten, eine breite, tagein unter Rum und Arrak stehende, zugleich den Grundstock der Gesamtwohnerschaft ausmachende Volksschicht, daneben aber, ebenfalls nach allgemein seestädtischem Vorbild, eine geistig durchaus höher potenzierte Gesellschaft, die jedenfalls weit über das hinauswuchs, was man damals in den von engsten Philisteranschauungen beherrschten kleinen Städten der Binnenprovinzen, namentlich auch unserer Mark, anzutreffen pflegte.«

Der 1819 in Neuruppin geborene Fontane war acht Jahre alt, als die Familie nach Swinemünde zog, wo der Vater eine Apotheke gekauft hatte. Dort lebte die Familie fünf Jahre lang. Die Christuskirche, 1792 gebaut, hat der Knabe Fontane gesehen. Der Swinemünder Leuchtturm allerdings entstand erst 1859. Er ist 68 Meter hoch und galt seinerzeit als der höchste Leuchtturm Europas. Das Haus mit den fünf Böden, in dem die Fontanes wohnten und das der Dichter in »Meine Kinderjahre« beschreibt, gibt es nicht mehr. Es lag zentral, der Christuskirche gegenüber. Von dort sind es nur ein paar Schritte bis zum Bollwerk. So hieß die Straße entlang der Swine, wo die Schiffe ankamen. Zum Strand ist es schon etwas weiter. Der Weg führt durch den Kurpark und dahinter durch ein Wäldchen, das Plantage hieß.

Fontane hat die Stadt seiner Kindheit auch in einem seiner Romane beschrieben. Das Kessin in »Effi Briest« ist das Swinemünde Fontanes. Die Kessine ist die Swine. Manchmal spaziert Effi mit ihrer Tochter zur Mole. Oder sie sammelt in der Plantage Kastanien, mit denen das Kind spielt. Alonzo Gieshübel, eine der Figuren dieses Buches, wird ihr zu einem lieben Umgang. »Er ist unsere beste Nummer hier. Schöngeist und Original und vor allem Seele von Mensch, was doch immer die Hauptsache bleibt.« So stellt Geert von Innstetten seiner jungen Frau Gieshübel vor. Fontane mag in dieser Szene ein wenig auch seinen Vater porträtiert haben, den das Leben, vor allem das Spiel im »Gesellschaftshaus«, mehr interessierte als seine Apotheke – was weder dem Geschäft noch seiner Ehe gut bekam. In »Meine Kinderjahre« erzählt Fontane auch von seiner letzten Begegnung mit seinem Vater vierzig Jahre später. Der Vater lebte in seinen letzten Jahren in Schiffmühle bei Bad Freienwalde. Auf dem Friedhof dort liegt er auch begraben. »Wie er ganz zuletzt war, so war er eigentlich«, schreibt der Sohn. Der Satz trifft auch auf Fontane selbst zu. Ganz am Ende seines Lebens war er der große Schriftsteller, den wir noch heute verehren.

Zurück aber zu Effis Leben in Kessin, sprich Swinemünde. Beim Ausritt mit Major von Crampas am Strand kommen beide sich näher. Das Verhängnis nimmt seinen Lauf. Es gehen Briefe hin und her. Jahre später findet Effis Mann sie durch einen Zufall in Berlin – sinnigerweise im Nähkästchen. Effi ist gerade zur Kur. Es kommt zum Duell zwischen Innstetten und Crampas. Crampas stirbt. Innstetten verstößt seine Frau und entfremdet der Mutter das Kind. Effi stirbt als junge Frau. Fontanes Vorbild für seine Effi erreichte indes ein stattliches Alter: Elisabeth Baronin von Ardenne. Die nämlich hatte zwar durch ihren Ehebruch einen Berliner Gesellschaftsskandal hervorgerufen, aber sie wurde neunundneunzig Jahre alt – und liegt auf dem Südwestfriedhof in Stahnsdorf südwestlich von Berlin begraben.

Immerhin war Fontane von der Arbeit an seinem traurigen Roman so mitgenommen, daß er 1892 krank wurde. Er hatte Depressionen, wie man heute annimmt. Fontane, damals 73 Jahre alt, dachte an den Tod. Ihn bedrückte, sein Leben für Bücher hingegeben zu haben, die nicht bedeutend erschienen. Der Hausarzt wurde zum Retter. Er empfahl seinem Patienten, etwas Nettes zu schreiben, vielleicht Kindheitserinnerungen. Fontane legte sein Romanmanuskript »Effi Briest« beiseite und schrieb in einem Zug »Meine Kinderjahre«. 1893 war das Buch fertig. Im Tagebuch notierte er: »Ich wählte ›Meine Kinderjahre‹ und darf sagen, mich an diesem Buch wieder gesund geschrieben zu haben. Ob es den Leuten gefallen wird, muß ich abwarten, mir selbst aber habe ich damit einen großen Dienst erwiesen.« Geheilt konnte er sich auch wieder »Effi Briest« widmen. Der Roman ist heute Schul-

Der Leuchtturm von 1859 am Swinemünder Osternothafen

stoff. In der Bundesrepublik wie in der DDR wurde er verfilmt. Im Westen 1974 von Rainer Werner Fassbinder mit Hanna Schygulla als Effi unter dem pompösen Titel »Fontane Effi Briest oder Viele, die eine Ahnung haben von ihren Möglichkeiten und Bedürfnissen und trotzdem das herrschende System in ihrem Kopf akzeptieren durch ihre Taten und es somit festigen und durchaus bestätigen«. Vier Jahre zuvor hatte in der DDR Wolfgang Luderer den Roman mit Angelica Domröse in der Titelrolle verfilmt. Einige Außenaufnahmen für den DDR-Film entstanden wenn schon nicht in Swinemünde selbst, so doch auf Usedom und in Wolgast.

Theodor Fontane blieben nach dem Erscheinen von »Meine Kinderjahre« noch fünf Lebensjahre. Sein größtes Werk lag sogar noch vor ihm, auch wenn er das gedruckte Buch dann doch nicht mehr in den Händen halten konnte. Die Rede ist vom »Stechlin«. Fontane starb am 20. September 1898. Der Roman erschien zu Weihnachten.

Und nun?

Swinemünde ist von den Usedomer Seebädern aus mit dem Schiff zu erreichen oder zu Fuß über den Grenzübergang hinter Ahlbeck. Der Golm liegt neben dem Fischerdorf Kamminke am südöstlichen Zipfel der Insel.

VINETA

Aggregat vier, Prüfstand sieben

V 1 und V 2 – Was von der Versuchsanstalt noch zu sehen ist –
Thomas Pynchons Gleichnis – Das Militär als Geldgeber –
Die Frau im Mond – Entscheidung für Peenemünde –
Wernher von Braun und Walter Dornberger – Der 3. Oktober 1942 –
»Hydra«, »Backfire« und »Paperclip« – Der Weg zum Mond

Wer von Peenemünde spricht, meint im allgemeinen nicht das kleine Fischerdorf auf Usedom, wo der Peenestrom in den Greifswalder Bodden fließt. Peenemünde steht für Flugzeuge und Raketen, für Technik und Militär, für Moralisches und Ethisches. Von 1936 an war der Nordteil von Usedom ein militärisches Sperrgebiet. Auf 25 Quadratkilometern entstand das erste Großforschungszentrum Europas. Es war zugleich das größte Rüstungsprojekt der Wehrmacht. Rüstungsminister Albert Speer, der als Architekt am Entwurf für Peenemünde beteiligt war, sagte später in seinen Erinnerungen: »Unser aufwendigstes Projekt war zugleich unser sinnlosestes.« Luftwaffe und Heer bauten beide ihre Versuchsanlagen in Peenemünde. Im Westteil siedelte sich die Luftwaffe an, um unter anderem die Flugbombe Fi 103 zu testen, genannt »Kirschkern« oder später auch Vergeltungswaffe 1, kurz V 1. Im Ostteil baute das Heer neuartige Raketen. Die bekannteste wurde die erste Rakete, die sich auf ihrem Flug dem Weltraum näherte, das Aggregat vier, später Vergeltungswaffe 2 genannt oder V 2. Nach dem Zweiten Weltkrieg, das hatten die Siegermächte vereinbart, wurden die militärischen Anlagen in Deutschland zerstört. So geschah es auch mit den Versuchsanstalten in Peenemünde. Der Flugplatz allerdings wurde von sowjetischen Marinefliegern und später von einem Jagdfliegergeschwader der DDR-Armee genutzt. Auch das Kraftwerk blieb unzerstört, ein einzigartiger Großbau der Firma Siemens. Es war im November 1942 an das Netz gegangen und brachte eine Leistung von dreißig Megawatt. Sie wurden benötigt für die Produktion von flüssigem Sauerstoff. Denn die Flüssigkeitsraketen funktionierten auf der Basis von flüssigem Sauerstoff und Alkohol. Im Kraftwerk ist heute das Peenemünder Museum eingerichtet. Das Werk für flüssigen Sauerstoff steht als Ruine. Auch einige der Wohnanlagen sind noch zu sehen.

Auf der Ostseite jedoch führen betonierte Wege nur noch ins Nichts. Verwilderte Hecken lassen erahnen, wo einst Grundstücke waren. Man muß sich schon auskennen, um die Betonreste von Prüfstand sieben zu finden mit dem Wassergraben, in dem die zweitausend Grad heißen Abgase der A 4 gekühlt wurden. Fünfhundert Liter Wasser pro Sekunde liefen durch dieses System. Im Museum ist ein Modell vom Prüfstand sieben zu sehen mit dem Prüfturm in der Mitte. Er war

25 Meter hoch. In ihn wurde die Rakete eingehängt. Wie der Name schon sagt, wurde die Rakete hier geprüft. Abgeschossen wurde sie von anderen Punkten. Die Abschußrampen waren mobil. Allerdings sind immer wieder Raketen im Prüfstand in die Luft geflogen und haben die Anlagen beschädigt.

Die Usedomer Bäderbahn fährt zum Teil auf den Gleisen der alten Werkbahn. Das Gleisnetz von Peenemünde hatte einmal eine Länge von hundert Kilometern. Die Peenemünder Werkbahn sah ein wenig aus wie die Berliner S-Bahn. Entlang der Bäderbahn-Strecke gibt es noch einige kleine Geisterbahnhöfe. Zwischen Karlshagen und Peenemünde steht eine längst gesperrte und mit Wasser gefüllte Fußgängerunterführung von Bahnsteig zu Bahnsteig. Hier waren einmal tausende Mitarbeiter des militärischen Doppelforschungszentrums unterwegs. Heute hält dort kein Zug mehr.

In merkwürdigem Gegensatz zu den wenigen Trümmern, die in und um Peenemünde herum noch zu sehen sind, steht der Ruf von Peenemünde. In den Vereinigten Staaten etwa wird kaum jemand Usedom oder Vorpommern kennen, Peenemünde aber ist ein Begriff. Wissenschaftler aus Peenemünde, allen voran Wernher von Braun, waren nach dem Krieg nach Amerika gebracht worden und hatten dort maßgeblich das Raumfahrtprogramm bestimmt und den Flug zum Mond plus Mondlandung vorbereitet. Auch die Sowjetunion hatte 175 deutsche Wissenschaftler nach dem Krieg in die Sowjetunion gebracht, um deren Kenntnisse für die Interkontinentalraketen zu nutzen. Das Gleichgewicht des Schreckens zwischen Amerika und der Sowjetunion, der Wettlauf in das Weltall als eine der Schlachten des Kalten Krieges – all das hat direkt oder indirekt mit Peenemünde zu tun.

Peenemünde ist vor allem aber zum Gleichnis geworden für eine uralte menschliche Erfahrung: Eine technische Neuerung führt zuerst zu neuen Waffen. Zwar ist keine der V 1 oder V 2 als Kampfwaffe von Peenemünde aus gestartet worden, sondern ausschließlich zu Versuchszwecken. Zwar sind bei der Massenfertigung vor allem der V 2 später im Konzentrationslager »Dora« mehr Menschen gestorben als durch den Einsatz der dort gebauten Waffe. In Mittelbau Dora starben 20.000 KZ-Häftlinge. Zum Vergleich: Bei Angriffen mit der V 2 soll es insgesamt 5.000 Tote gegeben haben. Dennoch: Kaum ein anderer Ort auf der Welt zeigt die Ambivalenz von Technik und zerstört allen Fortschrittsglauben. Das Bild der ballistischen Parabel, die eine Rakete auf ihrem Flug nimmt, steht dafür. Knapp dreißig Jahre nach dem Ende von Peenemünde hat der amerikanische Schriftsteller Thomas Pynchon dieses Bild in seinem riesigen Roman »Die Enden der Parabel« aufgenommen. Die Rakete wird darin zum Sinnbild überwundener Schwerkraft, aber auch zum phallischen Symbol enthemmter Männlichkeit. Der Eingang zum Bergwerk bei Nordhausen,

Prüfstand sieben im Jahr 1998

der ebenfalls die Form der Parabel hat, wird zum Schoß, in dem das Grausame gezeugt wird. Es sind bei Pynchon denn auch die Insassen einer psychiatrischen Station, welche die Flüge der Raketen und ihre Einschläge studieren, um daraus ableiten zu können, wie und wo man sich schützen könne. »Vielleicht ist der Krieg gar kein bewußtes Wesen – vielleicht gar nichts Lebendiges. Vielleicht ist er nur etwas, das dem Leben grausam und zufällig ähnelt?« fragt Pynchon. Seine Skepsis könnte als letztes Wort zu Peenemünde genommen werden: »Es begann die mythische Zeit, als der listige Hase, der im Mond wohnt, statt der wahren Botschaft des Mondes den Tod zu den Menschen brachte. Die wahre Botschaft ist niemals gekommen. Vielleicht ist die Rakete dazu bestimmt, uns eines Tages hinaufzutragen, damit der Mond uns endlich seine Wahrheit sagen kann.«

Die erste Mondlandung am 20. Juli 1969 fiel in die Zeit, als Pynchon am Buch schrieb. Er beendete den Roman, als unter dem amerikanischen Präsidenten Richard Nixon die im Wortsinn hochfliegenden Weltraumpläne seines Vorgängers John F. Kennedy begraben wurden und Wernher von Braun in seinen letzten Lebensjahren – er starb 1977 an Krebs – den Amerikanern zu einem Spinner geworden war.

Pynchon war technischer Zeichner bei Boeing gewesen. Seit er seine großen Romane schreibt, hat er sich aus der Öffentlichkeit zurückgezogen. Es gibt kein Interview, kein Foto. Sein akribisch recherchierter, mehr als tausend Seiten umfassender Roman wurde indes nicht das letzte Wort zum Mythos Peenemünde. Es kam das Ende der DDR. 1996 verließ der letzte Soldat Peenemünde. Das Sperrgebiet wurde aufgehoben und der verkommene Ort als ein gesamtdeutscher wiederentdeckt. Vor allem als ein Ort deutscher Wissenschaft und Größe. Aber auch Amerika verhinderte gleichsam das letzte Wort Pynchons, denn dort werden seitdem immer neue größenwahnsinnige Träume von der Eroberung des Weltalls geträumt.

Aber nun der Reihe nach: Ende 1923 veröffentlichte der Physiker Hermann Oberth sein Buch »Die Rakete zu den Planetenräumen« und löste damit eine ungeahnte Begeisterung für Raketen und Weltallexpeditionen aus. Er beriet später auch Regisseur Fritz Lang bei dessen Film »Frau im Mond«, dem letzten deutschen Stummfilm, der im November 1929 Premiere hatte. Die auf dem Halbmond sitzende Frau wurde dann auch auf das Aggregat vier gemalt. Wernher von Braun träumte mit siebzehn Jahren von »Lunetta«, einer Raumstation im All. Er bastelte an Feuerwerksraketen. 1925 – damals war Braun dreizehn Jahre alt – bekam er ein astronomisches Fernrohr geschenkt, richtete es auf den Mond und sah darin sein Lebensziel: Er wollte ein Fahrzeug bauen, mit dem man zum Mond reisen könnte. Etwa zu dieser Zeit begannen die ersten ernsthaften Raketenforschungen auf einem Flugplatz in Berlin-Reinickendorf. Rudolf Nebel leitete sie. Seine Hauptaufgabe war aber nicht die Forschung, sondern die Suche nach Geldgebern, um seine Forschung bezahlen zu können. Er pries deshalb laut die Zukunft der Raketenforschung. Seine Zukunftsbilder malte er in den grellsten Farben. Zu grell, fand das Militär, das sich für Nebels Arbeiten besonders interessierte. Das Heereswaffenamt der Reichswehr wollte kein öffentliches Posaunen, sondern strenge Geheimhaltung. Von Braun tat dem Militär den Gefallen. Er trennte sich von Nebel und ging zur Heeresversuchsanstalt nach Kummersdorf südlich von Berlin, blieb aber Zivilist. Dort lernte er Walter Dornberger kennen, der wenige Jahre später Leiter der Heeresversuchsanstalt in Peenemünde wurde. Dornberger und von Braun sind noch immer die großen Namen deutscher Raketenforschung. Beide schätzten einander, arbeiteten in Peenemünde eng zusammen und gingen schließlich nach dem Ende des Krieges gemeinsam nach Amerika.

Im Dezember 1934 wurden zwei A2-Raketen erfolgreich auf Borkum gestartet. Sie hießen Max und Moritz. Von da an wurde Forschung im großen Stil möglich, zumal inzwischen die Nationalsozialisten an die Macht gekommen waren. Es gibt ein Gruppenfoto aus Kummersdorf, das Hitler bei einem Besuch zeigt. Ein paar Reihen hinter ihm steht von Braun – als einziger Mann in Zivil. Ein neuer, größerer Standort wurde für die Raketenforschung gesucht. Etwas abseits sollte er liegen, um geheim zu bleiben. Zunächst wurde Prora auf Rügen erwogen. Aber der Platz war schon besetzt. Dort sollte das künftige Kraft-durch-Freude-Seebad entstehen, jenes Riesenferienheim, das nie in Betrieb ging und dessen kilometerlange Ruine noch heute eine Vor-

Das Kraftwerk in Peenemünde im Jahr 1998

stellung davon gibt, wie gigantisch dort geplant worden war. Die Wahl fiel schließlich auf Peenemünde, den alten Wolgaster Stadtforst. Von Braun hatte dieses Gelände vorgeschlagen.

Die Wissenschaftler hatten sich in Peenemünde vor allem mit drei technischen Problemen zu beschäftigen: der Konstruktion eines leistungsfähigen Triebwerks, der Lenkung und Steuerung einer Rakete und mit der Frage, wie ein Körper fliegt, wenn er die Schallgrenze durchbrochen hat. In Peenemünde wurde zunächst die A 3 getestet. Das war die erste Rakete, die über ein internes Steuersystem verfügte, um den Kurs stabil zu halten. Die Raketen starteten von der Usedom vorgelagerten, 54 Hektar großen Insel Oie. Die wenigen Bewohner der Insel wurden umgesiedelt. Ein Schicksal ist das von Rose-Marie Halliger. Sie hat diese Zeit als Kind miterlebt. Obwohl sie ein einfaches Leben führte, war es immer wieder von der Politik bestimmt. Ihre Eltern verloren erst die Heimat Oie und nach dem Krieg ihr Waldgasthaus Stubbenkammer, zunächst an die Russen, dann an die DDR-Armee. Ihr Vater starb im sowjetischen Internierungslager Fünfeichen bei Neubrandenburg. Sie selbst konnte erst 52 Jahre nach dem Abschied von der Oie die Insel wieder betreten.

Nach der A 3 folgte eine Versuchsreihe mit der A 5. Die Rakete flog dreizehn Kilometer hoch und konnten auf eine ballistische Flugbahn gelenkt werden – um Ziele auf der Erde zu treffen. All das war Voraussetzung für die Rakete A 4.

Am 3. Oktober 1942 gelang der entscheidende Start. Um 15.58 Uhr stieg die A 4 auf. Sie flog 85 Kilometer hoch und 190 Kilometer weit. Ihre Höchstgeschwindigkeit lag bei 5.500 Kilometern in der Stunde. Und sie nahm die berechnete Bahn, bevor sie in der Danziger Bucht in die Ostsee fiel. Entlang der Küste von Usedom beobachteten Meßstationen den Flug der Raketen. Die von Zinnowitz ist heute Teil der Bernstein-Therme. Der – 1946 zwar gesprengte, aber nur umgefallene – Meßturm auf dem Streckelberg wurde erst vor einigen Jahren beseitigt.

»Wir hatten die Ehre, dem ersten Aufstieg einer Flüssigkeitsrakete in die Ionosphäre beizuwohnen. Welturaufführung 3. Oktober 1942«, heißt es in dem Roman »Insel ohne Leuchtfeuer« von Ruth Kraft. Der Roman erschien in der DDR und erlebte viele Auflagen. Ruth Kraft, die als junge Frau in Peenemünde gearbeitet hatte, wollte ein Antikriegsbuch schreiben, wie sie es selbst sagte. Aber sie erzählt auch vom schönen Leben der »Peenemünder« auf Segeltörns, Tanzabenden und Radtouren über die Insel. Es lebte sich angenehm damals in Peenemünde. 1942, also schon mitten im Krieg, war die Stimmung auf der Insel gut. »In der Rakete ist nun die Möglichkeit gegeben, über Erde und Luft hinaus den Weltenraum zunächst als Verbindungsweg zwischen den Kontinenten zu benutzen«, begeisterte sich Dornberger in einem Vortrag 1942. Ein Jahr später gab Hitler dem A 4-Programm die höchste Dringlichkeitsstufe. Er hoffte auf die Wunderwaffe.

Allerdings waren von Braun und seine Leute damit unter den Zwang geraten, halbe Sachen zu machen. Nicht alle Lösungen waren ausgereift, vor allem bei der Steuerung der Raketen. Zugleich verfolgte man in Peenemünde aber auch weitere Pläne. So wurde schon an einer zweistufigen Rakete, einer A 9/10, gearbeitet, die ihre tödliche Last bis nach New York transportieren sollte. Auch an einer Rakete mit Tragflächen wurde gearbeitet. Der Versuch schlug fehl. Und schließlich gab es das Projekt einer Flugabwehrrakete »Wasserfall«, die nicht mit flüssigem Sauerstoff und Alkohol betrieben werden sollte, sondern mit selbstzündendem Visol und Salpetersäure. Die Rakete wurde nicht fertig und wäre bei dem Stand der technologischen Lösungen damals wohl auch nie fertig geworden.

In Peenemünde wurde zudem nicht nur geforscht, sondern auch die Massenproduktion der Raketen vorbereitet. Deshalb brachte man Zwangsarbeiter und KZ-Häftlinge nach Peenemünde. Für sechshundert von ihnen sollte es eine Reise in den Tod werden. Denn inzwischen waren die Engländer und Amerikaner auf die Anlagen in Peenemünde aufmerksam geworden. Im August 1943 starteten sie ihre Operation »Hydra«. Der Bombenangriff traf Peenemünde unvorbereitet. Bombengeschwader waren zwar schon häufiger über Peenemünde aufgetaucht, aber stets auf dem Weg nach Berlin. Diesmal war Peenemünde selbst das Ziel. Die Zielmarken wurden nicht genau gesetzt. Die Bomben verfehlten die eigentliche Ziele, trafen aber vor allem die Barakken der Zwangsarbeiter. Einige der Bombentrichter sind noch heute in der Nähe von Prüfstand sieben zu erkennen.

Nach dem Angriff überstürzten sich die Ereignisse. Bei einem Vergleichsschießen zwischen V 1 und V 2 – das Wort von der Vergeltungswaffe prägte Goebbels nach der verlorenen Luftschlacht gegen England – erwies sich die V 2 als leistungsfähiger. Sie konnte Sprengstoff bis zu dreihundert Kilometer weit transportieren. Dennoch wurden beide Waffen produziert. Die wie ein Flugzeug startende V 1 traf ihre Ziele zwar präziser, war aber langsamer und lauter. Die senkrecht aufsteigende V 2 hingegen traf ihre Ziele mehr zufällig. 22.000 Fi 103-Flugbomben wurden abgeschossen, dreitausend A 4-Raketen. Daß diese Waffen den Krieg nicht entscheiden würden, war wohl allen Beteiligten klar. Ein Bomber der Royal Air Force etwa konnte sechs Tonnen Sprengstoff transportieren. Die V 2 hatte nur eine Tonne an Bord und war zugleich viel komplizierter konstruiert. Sie bestand aus 20.000 Einzelteilen und wurde auch als fliegendes Laboratorium bezeichnet. Hitler hoffte auf ihre terrorisierende Wirkung.

Unmittelbar nach dem Luftangriff auf Peenemünde wurde damit begonnen, die Produktion der Raketen in eine unterirdische Fabrik zu verlagern und sie so der Luftaufklärung zu entziehen. Die »Mittelwerke« entstanden im Kohnstein westlich von Nordhausen. KZ-Häftlinge mußten unter unvorstellbaren Bedingungen den Umzug vorbereiten. Sie hatten weder Schlafplätze noch ausreichend Nahrung, weder Toiletten noch Waschmöglichkeiten. Sie mußten mit primitivem Werkzeug, oft mit den bloßen Händen in Dunkelheit, Kälte und Feuchtigkeit die Stollen in das Gestein treiben. Alle Verantwortlichen, auch der Zivilist Wernher von Braun, wußten von diesen Grausamkeiten. Längst hatte die SS das Kommando übernommen. Auch von Braun war nicht nur NSDAP-Mitglied geworden, sondern auch Angehöriger der SS. In den ersten sechs Monaten starben im »Mittelwerk« sechstausend Menschen. Später entstand ein Barackenlager, das Außenlager »Dora« des KZ Buchenwald.

Immer wieder gab es trotz der SS-Bewachung im »Mittelwerk« Versuche, die Raketen zu sabotieren. Polnischen Widerstandskämpfern war es noch in der Peenemünder Zeit gelungen, eine abgeschossene, aber nicht explodierte Rakete sicherzustellen und den Engländern zu übergeben, die vor allem unter der V 2 zu leiden hatten. Am 8. Februar 1945 war dem sowjetischen Zwangsarbeiter Michail Dewjatajew gemeinsam mit neun weiteren Gefangenen die Flucht aus Peenemünde gelungen. Die Gruppe war mit einem deutschen Flugzeug vom Flugplatz aus in Richtung Osten gestartet. Hinter der Front wurde die Maschine von den Russen abgeschossen, aber die Insassen überlebten. Dewjatajew berichtete davon in den Büchern »Flug der Sonne entgegen« und »Flucht aus der Hölle«.

Nach dem Ende des Krieges begann der Wettlauf der Alliierten um die moderne Raketentechnik. Auf einem Testgelände bei Cuxhaven wurden bei der britischen Operation »Backfire« drei A 4-Raketen verschossen, um sie studieren zu können. Ein Teil der Peenemünder Mannschaft wurde im Zuge der geheimen Kommandosache »Paperclip« nach Amerika gebracht. Die Sowjetunion ließ zunächst die Rakete A 4 im Zentralwerk in Nordthüringen weiterbauen. Einige Forscher wurden in die Sowjetunion verschleppt. Daß deutsche Ingenieure an sowjetischen oder amerikanischen Waffen arbeiteten, behielten beide Seiten lieber für sich. Wernher von Braun etwa kam erst 1949 offiziell in die Vereinigten Staaten. Dabei hatte er schon seit drei Jahren dort gearbeitet. Er wurde zum wichtigsten Mann, wenn es um die Trägerraketen für Weltraumprojekte ging. So bei der Saturn 5, der bis heute leistungsstärksten Trägerrakete der Welt, mit welcher der Flug zum Mond begann.

Von Braun wurde Planungsdirektor der zivilen amerikanischen Raumfahrtbehörde, der National Aeronautics and Space Administration, besser bekannt in der Abkürzung Nasa. Seiner Phantasie waren keine Grenzen mehr gesetzt. Er wollte das Modell Peenemünde in Huntsville, Alabama, fortsetzen, unabhängig von irgendwelchen Zulieferern und mit klaren Hierarchien, an deren Spitze er allein steht. 1963 sollte die erste bemannte Mondumkreisung sein. 1965 wollte von Braun eine Raumstation im Weltall stationieren und 1967 einen Dreimannflug zum Mond beginnen. 1971 sollte eine Expedition von fünfzig Mann eine Station auf dem Mond errichten. Es kam anders. Zum Glück.

Und nun?

Das Historisch-Technische Informationszentrum Peenemünde, eines der am meisten besuchten Museen in Deutschland, zeigt im ehemaligen Kraftwerk eine fesselnde Ausstellung. Die Usedomer Bäderbahn hält vor dem Eingang zum Gelände. Nur wenige Schritte sind es von dort auch bis zu einer kleinen Kapelle, die an das Leid der Opfer erinnert, das mit Peenemünde verbunden ist.

Die Blechbüchse

Ein Theater für Zinnowitz – Der Intendant und sein Architekt –
Himbeerrot und Gelb – Frank Castorf und Wolfgang Bordel –
Klaus Marsiskes Bauten – Seine Ideen – Seine Bilder –
Das Ende des Atlantiks

Die Halle in der Zinnowitzer Seestraße war eine Stabnetzkonstruktion aus der DDR-Zeit, genauer gesagt eine Stabnetztonne. Typ Ruhland. In den sechziger Jahren galt die Halle als Musterbau, als eine tolle Erfindung. Typ Ruhland war überall schnell und leicht aufzustellen, für fast jeden Zweck brauchbar und kostete nicht viel. In der Halle von Zinnowitz wurden im Winter die Strandkörbe aufbewahrt. Das Gebäude war schon mächtig ramponiert, als der Intendant des Anklamer Theaters Wolfgang Bordel davor stand. Er war auf der Suche nach einer Spielstätte auf der Insel Usedom. Er entschloß sich, aus der Ruine mit einer Grundfläche von siebzehn mal dreißig Metern ein Theater für dreihundert Zuschauer zu bauen oder vielmehr bauen zu lassen. Er wußte auch augenblicklich, wer der richtige Architekt dafür sein würde: Klaus Marsiske aus Greifswald. Der hatte Bordel schon das Theater in Anklam umgebaut. Es war Marsiske da ergangen wie häufig in seinem Leben. Eigentlich waren alle Aufträge für den Theaterumbau vergeben. Aber der Intendant war unzufrieden. Er grübelte über den Plänen und zeigte sie schließlich Marsiske. Es fehle die alles entscheidende Idee, sagte der Intendant. Der Gedanke, aus dem alles andere sich folgerichtig entfalten würde. Marsiske machte einen Gegenentwurf.
So sieht das Anklamer Theater heute aus – mit einem funktionalen Zuschauerraum, streng und klar, selbstvergessen nur in der Farbe: himbeerrot. Die Stabnetzhalle in Zinnowitz war im Herbst 1996 schon keine mehr, sondern nur noch ein Schandfleck. Ein Giebelbogen stand noch, scheinbar gehalten von vielen kleinen, zumeist zersplitterten Glasscheiben. Auch die eigentliche Tonne war noch mit etwas Phantasie zu erkennen. Marsiske sagte: »Abreißen und neu bauen.« Bordel sagte: »Ich habe nur anderthalb Million Mark für alles.« Und: »Im Mai wollen wir hier spielen.«
Das war Ende 1996. Marsiske brauchte wenige Tage für die Entwurfsidee. Die Reste der Halle sollten abgerissen werden, um eine neue Halle in derselben Größe und Form zu errichten. Zusätzlich sollte nur das Foyer mit Windfang angebaut werden. Die Idee dabei: Das eigentliche Gebäude, die Tonne, wird zum Fischkörper. Auf dem Dach entsteht eine Flosse. Außerdem bekommt der Fisch einen Kopf und einen Schwanz. Und er würde in grellem Gelb daliegen und auf das erschrockene Seebad und einstige Fischerdorf schauen. Der Name für

das künftige Theater lag auf der Hand. Es mußte ihn nur einer einmal aussprechen: »Blechbüchse«. Die Konstruktion kam aus einem Schiffbaubetrieb in Neukalen. Dort wurden die Einzelteile hergestellt, in einer Produktionshalle vollständig zusammengebaut, wieder auseinandergenommen und nach Zinnowitz gebracht. Um den Fußboden so schnell wie möglich zu fertigen, wurde nicht Beton verwendet, der ein paar Tage Zeit zum Binden gebraucht hätte. Vielmehr wurde der Fußboden morgens aus einer Bitumenmasse gegossen, damit mittags darauf schon weitergebaut werden konnte. Dann stellte sich heraus, daß die für das Dach benötigten gebogenen Bleche in Deutschland nirgendwo zu besorgen waren. Eine Schweizer Firma schließlich schaffte es, die Bleche rechtzeitig nach Usedom zu bringen. »Es war die verrückteste Baustelle, die ich je hatte«, sagt Marsiske. Im Mai 1997 war das Gebäude fertig. Ein richtiges Theater mit Saal, Bühne, Foyer und sogar einem Rang. Aber alles aus Stahl und Blech, melonengelb innen und außen und vom ersten Tag an zwischen all den edlen Villenbauten des Seebades eine Zinnowitzer Sehenswürdigkeit.

Der Intendant und der Architekt mußten sich dann noch einmal bewähren. Das Ensemble probte für die Freilichtbühne schon das »Vineta«-Spektakel mit viel Volk, vielen Laien, viel Krach und viel Licht, während der Architekt noch die Freilichtbühne gleich hinter der »Blechbüchse« umbaute. Auch das ging am Ende gut aus. Bordel wird »usbekische Ruhe« nachgesagt. Marsiske kann sich auf seinen rettenden Einfall verlassen, wenn alles wieder einmal nach Scheitern aussieht. Bordel füllte fortan sein Zinnowitzer Theater. Marsiske aber, als brauchte er ein Gegenprogramm zum kleinen Zinnowitz, begann ein paar Monate später eine Reise. Ein Vierteljahr lang ging es einmal um die Welt – auf einem Containerfrachtschiff.

Zehn Schauspieler hat Bordel in seinem Ensemble. Gespielt wird in Anklam, Zinnowitz und Barth. Bordel war 1983 aus Berlin nach Anklam gekommen. Sein Oberspielleiter war damals Frank Castorf, der spätere Intendant der Berliner »Volksbühne«. Zwei Jahre lang arbeiteten Bordel und Castorf zusammen. Auf Dauer konnte das nicht gutgehen. Der Unterschied der beiden war zu groß, auch wenn sie gleichaltrig sind. Vor allem aber war die Theaterauffassung zu unterschiedlich. Castorf verschreckte die Anklamer, Bordel verbündete sich mit ihnen. Der Intendant kam aus dem Arbeitertheater. Er spielte deftige und witzige Stücke. Er spielte die Klassiker, aber auch Operetten und viele Stücke für Kinder. Das Anklamer Theater wurde zu einem Erfolgsmodell. Nach dem Ende der DDR war eigentlich klar, daß ein so kleines Theater nicht bestehen kann. Schon gar nicht in Anklam. Bordel aber wollte es allen zeigen. Während anderswo Häuser schließen mußten, eröffnete er neue.

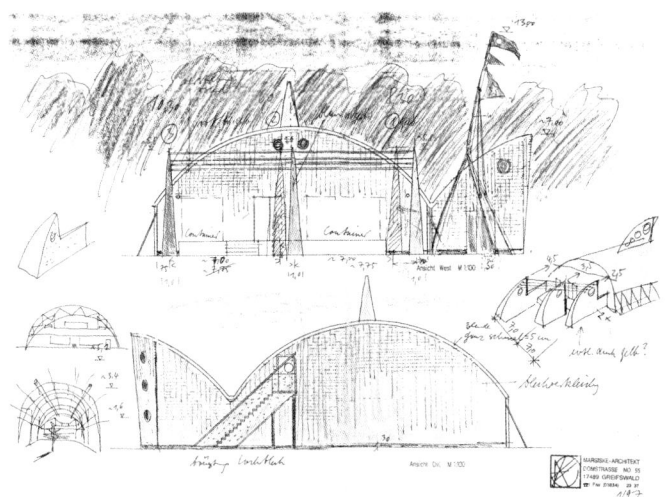

Die Zinnowitzer Blechbüchse, gezeichnet von ihrem Architekten

Marsiske kam nach dem Studium in Dresden 1971 nach Stralsund in das Büro für Stadtplanung. Im Büro schob er die Modelle der Plattenbauten hin und her. Wenn er nach Feierabend das Büro verließ, zog er durch die Stralsunder Innenstadt und zeichnete die Details der historischen Architektur, Giebelhäuser, Kirchtürme, Gauben, Türdrükker, Kronleuchter, Treppen, den Räucherboden des Johannisklosters. Eine Welt des Verfalls schon damals, denn die Innenstädte in der DDR blieben weitgehend sich selbst überlassen, während immer neue Plattenbausiedlungen außerhalb entstanden. Kein Städteplaner konnte das aufhalten. Denn es war Politik. Von alledem hatte Marsiske nach dreizehn Jahren genug. 1984 kündigte er und ging nach Greifswald. Die Pommersche Evangelische Landeskirche, die sich damals Landeskirche Greifswald nennen mußte, um das Wort »Pommern« zu vermeiden, gewährte ihm Asyl in ihrer Bauabteilung. Der aus Feldsteinen gefügte Kirchturm der Pasewalker Marienkirche war gerade eingestürzt. Die Gemeinde hatte es kommen sehen. Immer wieder hatte sie Reparaturarbeiten bei den »zuständigen Stellen« im SED-Staat beantragt. Immer wieder war Hilfe abgelehnt worden. Die Reste des Turmes wurden gesprengt. Dabei wurde auch noch ein Teil der Kirche zerstört. Die Pasewalker Kirche war zu einem Symbol geworden, zu einem Zustandsbericht der DDR, unübersehbar, eindringlich, hoffnungslos. Also mußte der Staat reagieren und stellte Mittel bereit, um den Turm neu errichten zu können – mit einem Betonkern, der von Feld- und Ziegelsteinen nur ummantelt ist. Marsiske war an den Planungen beteiligt. Seine ersten eigenen Kirchenbauten wurden fertig, als die DDR gerade unterging: 1991 das den zwölf Aposteln gewidmete und deshalb zwölfeckige Gemeindehaus in Tutow, ein Jahr später die achteckige Kreuzkirche in Ueckermünde-Ost.

Marsiske eröffnete sein eigenes Büro. Die Kirche half mit den ersten Aufträgen. So für den Umbau eines Kinderheimes in Greifswald, wo er zwei versetzt zueinander stehende Gebäude – eines davon ist ein Neubau – durch einen Turm mit Treppenhaus und Fahrstuhl verband. Der Turm wirkt wie ein Scharnier und gibt den Heimbewohnern das stolze Gefühl, Ritter in einer Ritterburg zu sein. Er baute ein Kaufhaus, eine Arztpraxis, ein Wohnhaus mit Apotheke, baute zusammen mit zwei weiteren Architekten ein Bildungszentrum farbenfroh um und sanierte das ehemalige Greifswalder Wohnhaus der Familie Koeppen, in welchem der spätere Schriftsteller Wolfgang Koeppen als Kind gelebt hatte und das heute ein Koeppen-Literaturzentrum ist. Für zwei Orchestermusiker baute er ein Haus in Brandshagen. Eigentlich sind es zwei kleine Häuser, durch einen Gang miteinander verbunden – damit jeder für sich üben kann. Eine ähnliche Idee hatte er für ein Pastorenehepaar in Neumünster in Schleswig-Holstein. Aus dem alten Wasserturm in Kreutzmannshagen bei Greifswald, der auch schon als Dorfschule benutzt worden war, baute er sein Atelier. Den Innenraum der mittelalterlichen Dorfkirche von Rossow bei Pasewalk setzte er in einen beheizbaren Glaskasten als Winterkirche. Er sucht nach der »absoluten Einfachheit und vollkommenen Klarheit«. Nie ist sie zu erreichen, bestenfalls annähernd. Wie an der Stadtmauer von Greifswald. Zwei verlorene Teilstücke von zusammen fünfzig Metern Länge ersetzt er – mit vorgerostete Stahlblechen in einer Größe von drei Metern mal 75 Zentimetern, rötlich-braun wie Ziegelsteine und so aufeinandergesetzt, daß jeweils eine Steinhöhe Abstand bleibt. Durch diese fällt das Licht oder der neugierige Blick. Eine drei Meter hohe Mauer, die nicht ganz geschlossen ist, sozusagen die ideale Mauer. Auch in Samtens auf Rügen ist Marsiske dieses Ideal der Einfachheit fast gelungen. Dort baute er ein schlichtes rechteckiges Haus für die Kirchgemeinde. Das Altarbild, ein Kreuz, malte er auch.

In den achtziger Jahren stellte er seine Bilder auf dem Hof in der Greifswalder Domstraße aus, wo er damals wohnte. Die hochformatigen, die nicht in die engen Zimmer paßten, kamen in den kleinen Innenhof zusammen mit den erotischen Zeichnungen. Jeder war eingeladen, einzutreten. Die Staatssicherheit war verwirrt und füllte dicke Ordner. Marsiske wollte die Akten später nicht sehen: »Ich finde das belanglos.« Sie langweilen ihn wie seine Projekte, wenn sie erst fertig sind. 1988 – die Pogromnacht der Nationalsozialisten gegen die Juden lag fünfzig Jahre zurück – meißelte er bei einem Steinmetzmeister und mit dessen Hilfe einen schlichten Gedenkstein, der auf dem Apollonienmarkt in Stralsund aufgestellt wurde – dort, wo früher im Hinterhof die Synagoge stand. Der Stein wurde nach 1990 immer wieder beschmiert. Die Stadt entfernte ihn. Er lag einige Jahre lang achtlos im Tierpark. Heute steht er in der Kirchenruine des Franziskanerklosters, nahe einer Nachbildung von Ernst Barlachs Pietà. »Kein schlechter Ort«, sagt Marsiske.

Auf seiner Weltreise zwischen Containern entdeckte er das Malen und Zeichnen neu. Zu Hause nahm er sich die Motive noch einmal vor. Der Leuchtturm wurde zur dicken Vertikale, die über das Blatt hinausgehen will. Die Frachtschiffe empfand er als helle, lang hingestreckte Flecken im dunklen Blau des Meeres. Die Palmen, die als Kette am Horizont auftauchen, scheinen zu tanzen. Die Silhouette der Städte besteht aus dicken Pinselstrichen, verwischt, als würden die Häuser beim Vorüberfahren des Schiffes davonlaufen. »Wie kann man eine weiche See, die wie Seide glitzert, zeichnen?« fragte er sich unterwegs in seinem später auch veröffentlichten Reisetagebuch. Und: »Wann ist der Atlantik endlich zu Ende?«

Und nun?
Theateraufführungen gibt es in der »Blechbüchse« das ganze Jahr über. Der aktuelle Spielplan ist im Internet zu finden unter der Adresse: www.theateranklam.de.

Vineta gesucht

Die Sage – Weshalb sie so gern erzählt wird –
Eine versunkene Stadt wird besungen – Der Streckelberg –
Etwas über Küstenschutz – Wo lag Vineta? –
Die Odermündung bei Barth

Drei Tage lang soll der Untergang Vinetas gedauert haben, von Karfreitag bis Ostersonntag. Die Bewohner Vinetas waren gewarnt worden. Erst von Luftgebilden, die regelmäßig am Himmel erschienen. Schließlich von einer Wasserfrau. Die rief mit schauerlicher Stimme: »Vineta, Vineta, du rieke Stadt, Vineta sall unnergahn, wiedeß se het väl Böses dahn!« Die Bewohner kümmerten sich um solche Zeichen nicht. Sie lebten in einer unfaßbar reichen Stadt. Es war die größte Stadt Europas. Sie lebten in Saus und Braus, reich geworden vom Handel. Vielleicht lebten sie auch nur in Saus und Braus, weil sie wußten, daß der Untergang kommen würde. Der Untergang kam als Sintflut. Vielleicht waren es aber auch fremde Heere, die Vineta dem Erdboden gleichmachten. Vielleicht waren es fremde Heere, welche die Deiche zerstörten und so die Stadt ersäuften.

Manchmal, an stillen Tagen, seien unter dem stillen Wasser die Glocken der Stadt zu hören. Man sehe dann auch die Gassen und die Geschäftigkeit der Leute. Alle hundert Jahre am Ostersonntag steigt Vineta aus dem Meer empor. Einmal stand zufällig eine Hütejunge am Strand, als dies geschah. Er betrat die Stadt durch eines ihrer zwölf Tore und kam auf den Markt. Die Händler, alle reich gekleidet, boten ihm ihre Waren an. Wunderbare Pelze, Früchte, die der Junge noch nie gesehen hatte, wertvollen Bernsteinschmuck. Alles aber geschah in völliger Stille. Niemand sprach. Der Junge drehte seine Hosentaschen um. Er hatte, was er schon vorher wußte, keine Münze bei sich. Er war arm. Es war ihm unheimlich, daß alle Leute auf ihn sahen. So floh er aus der Stadt. Als er das Tor hinter sich gelassen hatte, versank Vineta wieder hinter ihm. Der Junge saß verstört am Strand, da kam ein Fischer vorbei und erzählte, was es mit Vineta auf sich habe. Hätte er, der Junge, nur eine kleine Münze bei sich gehabt, er hätte die Stadt erlösen können. Dafür war es nun zu spät. Vineta ist noch immer nicht erlöst.

Die Vineta-Sage wird oft und gern erzählt. Denn sie berichtet von einer Welt, die alles Maß verloren hat und deshalb untergehen muß – wie auch das noch sagenhaftere Atlantis, wie so viele Kulturen. Das hört man gern. Es hat etwas von einer gerechten Strafe. Bestraft werden jene, die sich überheben, weil sie zuviel Geld oder vielleicht auch zuviel Macht haben. Der zwangsläufige Untergang nach einem Zuviel – das ist ein gesellschaftskritisches Motiv, wie es sich schöner als im Fall Vineta niemand ausdenken kann. Wie oft wünschte man sich, manche Leute hätten ein Schicksal wie das Vinetas. So wurde die Vineta-Sage die beliebteste deutsche Sage. Deshalb auch gibt es sie in vielen Varianten. Von Krieg und Sturmflut ist die Rede. Auch davon, daß fremde Heere nach Vinetas Untergang Gold und Silber auf dem Meer regelrecht gefischt hätten. Andere Quellen sagen, die Bewohner Vinetas seien nach Visby auf Gotland weitergezogen und nach Wollin auf der gleichnamigen Insel. Dort hätten sie ein neues Handelszentrum eröffnet.

Wie viele Gedichte mag es über Vineta geben? Eines ist immer schöner als das andere. Das schönste aber kommt – natürlich – von Heinrich Heine. »Seegespenst« heißt es und erzählt von einer Schiffsreise des Dichters. Es war allerdings eine Reise auf der Nordsee. Der Dichter liegt bäuchlings auf dem Schiff, das Gesicht zum Wasser gewendet. Er sieht lange versonnen in das klare Wasser. Nach und nach erkennt er eine Stadt am Meeresgrund. Dann sieht er auch die Menschen dort unten. Vor allem sieht er die Mädchen, »seidenrauschende Jungfern, schlanke Leibchen, die Blumengesichter sittsam umschlossen von schwarzen Mützen und hervorquellendem Goldhaar«. Schließlich sieht er seine alte Liebe. Sehnsucht erfaßt ihn. Schon will er mit ausgebreiteten Armen hinab, direkt in ihr Herz stürzen. Glaubt man es ihm? Da endet das Gedicht, endet der Zauber in einer ironischen Wendung: »Aber zur rechten Zeit noch ergriff mich beim Fuß der Kapitän; und zog mich vom Schiffsrand und rief ärgerlich lachend: Doktor, sind Sie des Teufels?«

Von Wilhelm Müller stammen die klangvollen Verse: »Aus des Meeres tiefem, tiefem Grunde, klingen Abendglocken dumpf und matt, uns zu geben wunderbare Kunde von der schönen alten Wunderstadt.« Johannes Brahms hat diese schönen Zeilen vertont. Ferdinand Freiligrath erzählt von Vineta in seinem Gedicht »Meeresfahrt«. Erich Kästner wiederum hat darauf eine Parodie geschrieben. Bei Freiligrath glotzen Fische in die Fenster und Türen herein. Bei Kästner starren Nixen in Hut- und Schuhgeschäfte, obwohl sie keine Hüte und schon gar keine Schuhe brauchen. Richard Bartz hatte es die Stille Vinetas angetan: »Versunken alles: Lust und Lärm der Welt! Fern liegt des Lebens lautes Arbeitsfeld. Im Sand zerrinnt der Woge Glitzerschaum. O Meeresrauschen! Goldner Sommertraum!« Johannes R. Bechers »Vineta« klingt in der strengen Form eines Sonetts so: »Der Kahn glitt durch namenloses Schweigen, bis an dem Turm ihn hob ein Glockenklang und ließ ihn wieder aus der Tiefe steigen.« In Selma Lagerlöfs Buch »Nils Holgerssons wunderbare Reise« gibt es das Kapitel »Die Stadt auf dem Meeresgrund«. Günter Grass spielt in seinem Roman »Die Rättin« mit dem Motiv der untergegangen Stadt.

Weil die Sage so gern erzählt wird, wurde immer wieder nach ihrem realen Kern gefragt. In manchen Versionen wird erzählt, Vineta habe vor Koserow auf Usedom gelegen, vor dem Streckelberg, wo heute das Meer ist.

Als Ende des siebzehnten Jahrhunderts die schwedischen Landvermesser den damals schwedischen Landesteil Vorpommern aufnahmen, vergaßen sie auch Vineta nicht. Für die Matrikelkarte, die Koserow und Damerow zeigt, gibt es ein kleines Beiblatt, auf dem Vineta gezeichnet ist – als Vedute einer reichen Handelsstadt, die sich ihre Schöpfer nur zeitgenössisch, also barock, vorstellen konnten.

Der Streckelberg ist 56 Meter hoch. Oder wenn man ganz genau sein will: Der 46 Meter hohe Berg steht auf einer zehn Meter hohen Kliffranddüne. Er ist eine Endmoräne, eine Strauchendmoräne, entstanden nach der letzten Eiszeit vor sieben- bis fünftausend Jahren. Er ist eine geologische Besonderheit und steht deshalb seit 1961 unter Schutz. Ursprünglich dürfte der Berg eine Insel gewesen sein. So wie alle Höhenzüge auf der Insel Usedom zunächst Inseln waren. Das Meer trug einen Teil dieser Inseln ab und lagerte den Sand anderswo ab. Die Fachleute sprechen von Abtragungsküste und Anlandungsküste. Durch Anlandung entstanden nach und nach die sogenannten Haken. Diese wiederum verbanden die Inseln – bis die langgestreckte Insel Usedom entstand. Da der Streckelberg aber wie eine Nase ins Meer ragt, war und ist er besonders gefährdet durch die Kraft des Meeres. Vermutlich gab es früher auf oder am Streckelberg Großsteingräber. Irgendwann war die Küste so weit abgetragen, daß die Steine im Meer lagen. Sie bildeten das Vineta-Riff, das nicht ungefährlich für die Schiffahrt war. Joachim Nettelbeck, der in seinem ersten Leben ein wilder Seefahrer war und in seinem zweiten 1807 als Anführer der Bürgertruppe Kolberg gegen die Belagerung der napoleonischen Truppen verteidigte, erzählt in seinen Erinnerungen, wie er 1775 am Vineta-Riff strandete. Wer damals vom Streckelberg hinunterblickte auf die überspülten Steine, mochte mit einiger Phantasie Reihen von Straßen und Häusern sehen. So mag es auch Thomas Kantzow gegangen sein, einem Mann des 16. Jahrhunderts, der in seiner zwölfbändigen »Pomerania« von 1540 schreibt: »Die anderen Steine aber liegen feine noch in der Ordnung, und zeigen sichtlich an, wie die Gassen in die lenge und quere seint gegangen; und die Fischer des Ortes sagten uns, das noch gantze Steinpflaster der Gassen da weren, und weren ubermoset, auch mit Sande bedecket, das man sie nicht sehen khönnte ... Aber was wyr sahen, deuchte uns, das es wol so groß war, als Lübeck.«

Die Steine wurden später für den Bau der Mole in Swinemünde verwendet. Das sollte sich als keine gute Entscheidung erweisen, denn immerhin hatten sie an ihrem alten Platz im Meer als Wellenbrecher gedient. Als sie fort waren, ging die Ostsee noch unerbittlicher mit dem Streckelberg um. Zwischen 1818 und 1819 wurde der Berg aufgeforstet, wenigstens der Südhang. Auch Wälder sind eine Form von Küstenschutz. Ein Gedenkstein erinnert an die Aufforstung. Heute erstreckt sich entlang des Streckelberges ein dichter Rotbuchenwald. 1895 bis 1897 wurde die zur See gewandte Seite des Streckelberges mit einer Mauer umgeben. Doch schon knapp zwanzig Jahre später mußte sie erstmals instandgesetzt werden. Von 1995 an wurde die Mauer abgerissen und eine neue errichtet. Oder eigentlich muß es heißen: Abgerissen wurden die Reste der alten Mauer, denn längst war sie unterspült und zerbrochen. 1949 war sie durch eine Sturmflut endgültig zerstört worden. Wie sehr die See gewütet hat, läßt sich an dem tiefen Einschnitt im Streckelberg erkennen, der von oben wie ein halber Krater wirkt. Auch Wilhelm Meinhold, der Pfarrer und Schriftsteller von Koserow, verwendete ein solches Bild. Er beschrieb die Abspülungen am Berg so: »In ungeheuren Massen stürzt er dann in den Abgrund, und aufgewirbelt von dem gewaltigen Orkane, steigt wie die Rauchsäule eines Vulkans eine hohe Sandsäule über ihm empor, deren Regen in Koserow nicht selten durch die Fenster drang, ja an der Neuvorpommerschen Küste, zwei Meilen entfernt in die Kähne der Fischer niederfiel.«

In der Zeit des Nationalsozialismus wurde auf der Spitze des Berges ein Betonturm gebaut. Er sollte einerseits die Luftlage über Swinemünde beobachten. Andererseits diente er dazu, die Bahnen des Aggregats vier, der V 2 also, zu verfolgen. 1946 wurde vergeblich versucht, den Turm zu sprengen. Er fiel nur um, lag zuletzt schon gefährlich nah am Abhang und drohte nach unten zu stürzen. Dabei hätte er unweigerlich große Teile des Berges mit sich genommen. Der Turm wurde Ende der neunziger Jahre endgültig zerstört und geschreddert. Das Material wurde für den Unterbau der neuen Mauer verwendet.

Als der Berg 1994 vermessen wurde, zeigte sich, daß in den zurückliegenden siebzehn Jahren etwa dreitausend Quadratmeter an Fläche verlorengegangen waren. Das ist, um einen populären Vergleich zu gebrauchen, fast die Hälfte eines Fußballfeldes. Im Gegensatz zur ersten Streckelbergmauer hat die neue einen Querschnitt in Form eines L. Sie ist aber genau wie die alte sechshundert Meter lang. Vor der eigentlichen, etwa einen Meter hohen Brandungsmauer gibt es ein mit Steinen befestigtes Deckwerk. Die Mauer besteht aus Beton, der mit Bruchsteinen verkleidet wurde. Das Deckwerk ist zum Teil mit einer Düne übersandet. Der Sand stammt aus einer, wenn man so sagen will, unterirdischen Sandgrube. Sie wurde vom Wasser- und Bergamt zugelassen und befindet sich im Meer vor dem Streckelberg. Der Sand muß am Strand im Verhältnis eins zu zwanzig aufgeschüttet werden. Das heißt: Soll die Düne einen Meter hoch werden, muß der Strand davor zwanzig Meter lang sein. Vor dem Streckelberg ist der künstliche Strand deshalb besonders breit. Die Granitsteine für das Deckwerk wiegen anderthalb bis zwei Tonnen. Darunter befinden sich Betonbruch aus der alten Brandungsmauer und die Reste des einstigen Turmes, außerdem Textilbahnen, die eine Ausspülung verhindern sollen. Vor die Küste, zweihundert Meter vom Strand entfernt, wurden schließlich auch noch drei Wellenbrecher gesetzt, die etwas verwinkelt zueinander und jeweils sechzig Meter voneinander entfernt liegen. Der mittlere Wellenbrecher ist 220 Meter lang, die beiden äußeren zweihundert Meter. Sie ragen, wenn es nicht gerade stürmt, achtzig Zentimeter hoch aus dem Wasser. Unterhalb der Wasseroberfläche sind es fünf Meter. Die Krone ist drei Meter breit. Steine mit einem Gewicht von drei bis sieben Tonnen wurden für die Wellenbrecher verwendet. Sie kamen aus Bornholm und Roedby. Mehr als vier Millionen Euro haben allein die Wellenbrecher gekostet.

Für den Küstenschutz war der Streckelberg lange Zeit eine Großbaustelle. Aber das mußte sein, denn ohne Küstenschutz gäbe es die Insel Usedom schon gar nicht mehr. Sensibel für den Küstenschutz wird es überall dort, wo Steil- und Flachküste aufeinander treffen. Westlich und östlich vom Streckelberg sind auch andere Formen des Küstenschutzes zu sehen. Etwa die Buhnen, die sechzig bis hundert Meter tief in die See hinein ragen und aus Pfählen bestehen. Die Pfähle sind aus Kiefernholz. Manchmal bestehen Buhnen nur aus einer Reihe Pfähle, manchmal aus zwei. Manchmal stehen die Pfähle mit einem kleinen Zwischenraum, mal ohne. Je nach Notwendigkeit wird der Abstand der Buhnen voneinander errechnet. Zwischen Koserow und Zempin sind sie sechzig Meter voneinander entfernt, stehen also sehr dicht. Es sind genau 59 Buhnen. Insgesamt gibt es 157 Buhnen auf der Insel, die zusammen eine Länge von zwölf Kilometern ergeben. Auf Usedom gibt es außerdem sechs Kilometer Seedeiche, am besten zu sehen an der schmalsten Stelle der Insel, in Lüttenort. Dort waren die Sturmfluten von 1872 und 1874 schon einmal dabei, die Insel zu teilen. Im Durchschnitt sind die Seedeiche knapp drei Meter hoch. Der höchste auf Usedom ist 3,40 Meter hoch. Zum Achterwasser hin sind die Deiche im Durchschnitt 1,75 Meter hoch. Sie müssen immer wieder erneuert werden. Bei dem Sturm in der Nacht vom 4. zum 5. November 1995, als an der Küste auch fast alle Seebrücken zerstört wurden, trat das Wasser in der Nähe der Stadt Usedom sogar über die Deiche. An einen Deichbruch jedoch kann sich zum Glück niemand auf Usedom erinnern.

Zurück aber zu Vineta. Wenn die sagenhafte Stadt nicht nahe dem heutigen Koserow lag, wo dann? Hat es sie überhaupt gegeben? Die Koserow-Variante ist schon deshalb unglaubwürdig, weil Vineta eine Hafenstadt gewesen sein muß, also kaum an der offenen See gelegen haben dürfte. Im allgemeinen wird die Stadt Wollin, die der Insel

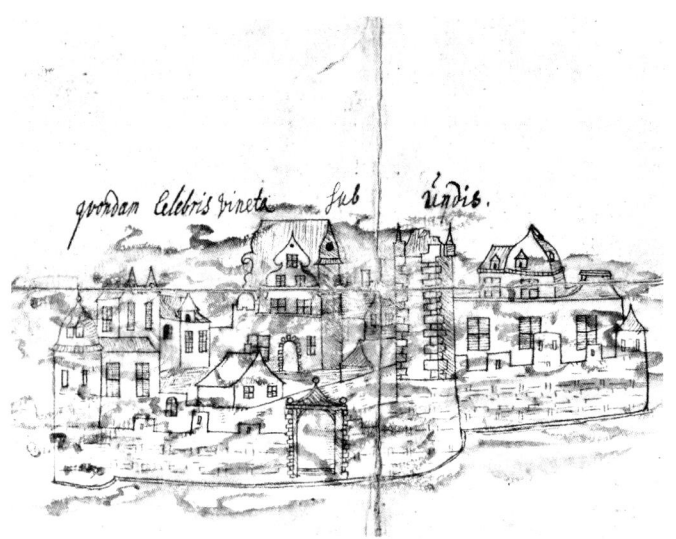

Vineta, wie es sich schwedische Landvermesser um 1700 vorstellten.

östlich von Usedom den Namen gab, als Vineta angesehen. Zumal es dort auch viele archäologische Funde gegeben hat. Vielleicht war Vineta aber auch Stralsund – und ist gar nicht untergegangen. Vor ein paar Jahren glaubten zwei Historiker, Vineta endgültig gefunden zu haben. Und zwar an einer Stelle, wo es bislang nicht vermutet worden war: in und um Barth herum. Klaus Goldmann und Günter Wermusch hatten die alten Quellen, die Geschichtsbücher, Chroniken und Sagas, noch einmal hervorgeholt, die schon so oft im Fall Vineta gedeutet worden waren und davon berichteten, daß »man sich zum Preise dieser Stadt allerlei Ungewöhnliches und kaum Glaubhaftes erzählt«. Da war etwa die Rede von einer kurzen Schiffsfahrt von Vineta nach Demmin. Zugleich aber davon, daß die sagenhafte Stadt an der Odermündung liegen würde und der Fluß die Pommern und Wilzen scheide. Auch sei die Stadt von drei Meeren umgeben gewesen. Goldmann und Wermuschs Vermutung lautet nun: Bis in das 12. Jahrhundert hinein hat es eine weitere Odermündung gegeben. Sie begann westlich von Vierraden, das auch heute noch an der Oder liegt, und endete in der Gegend von Barth. Das sei möglicherweise sogar die eigentliche Odermündung gewesen. Denn die drei bekannten Odermündungen, Peenestrom, Swine und Dievenow, sind alle nicht nach der Oder benannt, sondern nach kleineren Flüssen. So wäre es vorstellbar, daß Vineta in der Gegend um das heutige Barth herum lag und dennoch an der Oder. Vielleicht sei, sagen die beiden Historiker, Vineta auch gar keine Stadt gewesen, sondern eine reiche Provinz mit Burgen, Häfen und befestigten Siedlungen. Und weil die beiden

Vineta-Sucher so in Schwung waren, setzten sie nicht nur den ersten Bischofssitz nach der Missionierung durch Otto von Bamberg in die Gegend von Barth – mit einem Dom in Michaelsdorf. Sie meinten auch zu wissen, was den Reichtum der Gegend ausmachte. Das war der Honig. Denn Barth kommt nicht etwa von Bart, sondern vom wendischen »bartne«. Damit wurde der Zeidelzins, der Zins für die Imkerei, benannt. Der altdeutsche Begriff für die Biene ist sicher noch manchem geläufig: Imme. So soll die Barther Gegend einst Immenau geheißen haben. Das wiederum könnte erklären, weshalb im Zusammenhang mit Vineta auch von »Jumne« oder »Jóm« die Rede war. Folgt man der Behauptung von einer vierten, gar eigentlichen Odermündung, erklärt sich sogar die bis heute geltende Grenze Vorpommerns zu Mecklenburg – es war die Oder. Vom Weltraum aus ist auch eine Art breites Flußtal von der Oder in die nordwestliche Richtung zu erkennen. Mag sein, die ohnehin nur träge fließende Peene mündete noch vor ein paar Jahrhunderten direkt in die Oder. Veränderungen in dieser Landschaft sind durchaus denkbar, sei es durch Sturmfluten, sei es durch Deichbrüche. Möglicherweise haben die Dänen 1160 Vineta dem Erdboden gleichgemacht. Mag sein, daß einige der Vineter, welche den Feldzug der Dänen überlebt hatten, nach Stralsund oder Wollin weitergezogen sind.

Noch etwas spricht, wenn auch indirekt, für die Ansicht der beiden Vineta-Forscher. Weshalb ist Vorpommern ein so geschichtsloser Landstrich? Ist hier vielleicht nur die Erinnerung verlorengegangen, weil die größte europäische Stadt ihrer Zeit von der Landkarte verschwand? Erste archäologische Funde rings um Barth und auf dem Fischland sind zwar nicht so reich wie in Wollin, obgleich auch einmal ein richtiger Münzschatz dabei war. In Wollin aber ist systematisch gesucht worden, bei Barth nicht. Barth hat sich jedenfalls den Beinamen Vineta-Stadt gesichert. Das Museum mitten in der Stadt heißt Vineta-Museum.

Und nun?
Wandern am Streckelberg. Wer mit dem Anstrengenden beginnen will, nimmt den Hinweg über den Berg, den Rückweg am Strand entlang.

Insel mit Taille

Der Lebenskünstler Otto Niemeyer-Holstein – Lüttenort –
Der S-Bahnwagen – Die Entdeckung des Malers – Eulenspiegeleien –
Ati und Tabu – Der Garten – Die Freunde –
Tod und organisierter Nachruhm

Der Maler Otto Niemeyer-Holstein ist ein Beispiel dafür, wie sehr ein
Künstler und sein Werk auseinanderfallen können. Denn ein Künstler war er, sogar ein bedeutender. Ein Lebenskünstler nämlich, an den
sich noch heute viele erinnern. Was aber sein Werk anbelangt: Hand
auf's Herz, wer wüßte eines seiner Bilder zu nennen?
Nach Usedom kam er 1928. Er segelte auf dem Achterwasser und
ging an der Stelle an Land, wo die Insel Usedom ihre Taille hat. Zwischen offener See und Achterwasser sind es nur dreihundert Meter.
Niemeyer-Holstein war in Kiel aufgewachsen. Er liebte die Ostsee.
Das Segelboot hatten er und seine Geschwister schon als Kinder von
ihrem Vater bekommen. Das Segelboot hieß »Lütte«. Dem Maler ging
die Gegend am Achterwasser nicht mehr aus dem Sinn. Er nannte
sie »Lüttenort«. Er versuchte, dort ein Grundstück zu erwerben. Das
erwies sich als schwierig. Aber der Mann, dem das Gelände gehörte
und der auf das große Geld von einem Ferienunternehmen wartete,
war ein Trinker. Als ihm das Geld für den Alkohol auszugehen drohte,
verkaufte er doch ein Stück Land an den merkwürdigen Maler aus
Berlin. Der mußte zunächst einen Prozeß führen, weil beim Verkauf
nicht berücksichtigt worden war, daß er nicht nur einen Zugang zum
Hafen am Achterwasser benötigte, sondern auch zur Straße.
Zuerst hatte Niemeyer-Holstein nichts weiter als ein paar alte Weiden,
an denen er das Boot festmachen konnte. 1932 kaufte er für knapp 65
Reichsmark einen ausgedienten Gepäckwagen der Berliner S-Bahn.
Der stand auf dem Betriebsbahnhof Rummelsburg, hatte keine Räder
mehr und mußte deshalb mit einem Güterwagen auf die Insel geschafft
werden. Nun führt zwar das Gleis der Bahn zwischen Wolgast und
Ahlbeck direkt am Grundstück Niemeyer-Holsteins vorbei. Aber der
normale Zugverkehr durfte nicht aufgehalten werden. Der Lebenskünstler Niemeyer-Holstein, der sich schon beim Kauf des übrigens
begehrten S-Bahnwagens bewährt hatte, setzte sich auch hier durch.
Anderthalb Stunden Zeit wurden ihm von der Bahn gewährt. In der
Zeit wurde der Waggon an das Grundstück gebracht und sollte abge-
laden werden. Das geschah, indem eine Art Podest von Eisenbahn-
schwellen bis zur Höhe des Waggons gebaut und mit Schmierseife
eingerieben wurde. Der S-Bahnwagen, acht Tonnen schwer, sollte so
herübergezogen werden. Das klappte zwar nicht, aber irgendwann
stand er dann an seinem Platz. Später wurde er sogar noch einmal

ein Stück verrückt, weil es die Architekten so wollten – dorthin, wo er noch heute steht. Er wurde zum ersten Teil für ein Haus oder genauer gesagt mehrere Häuser, die nach und nach in Lüttenort entstanden. Der Maler war für die Einheimischen »de verrückte Isenbahner«. Aber sie mochten ihn. Denn der Lebenskünstler Niemeyer konnte mit den Fischern und Bauern umgehen, auch wenn sie von seiner Malerei nichts wissen wollten. In der Zeit der Nationalsozialisten zog Niemeyer-Holstein von Berlin ganz nach Usedom. Er wollte mit den neuen Machthabern nichts zu tun haben. In Lüttenort war es auch einfacher, seine Schwiegermutter, eine Jüdin, zu verstecken. Sie wohnte fortan unauffällig und auch unbehelligt mitten in dem bunten Künstlervolk, das sich in Lüttenort zusammenfand.

Bis zur Übersiedlung nach Usedom hatte Niemeyer-Holsteins Leben so ausgesehen: Er war der Sohn eines in seiner Zeit bekannten Völkerrechtlers, Theodor Niemeyer aus Kiel. Professor Niemeyer hatte 1921 seine große Stunde. Damals verteidigte er einen armenischen Studenten, der angeklagt worden war, den türkischen Innenminister ermordet zu haben. Diesem wiederum war die Vertreibung und Ermordung der Armenier angelastet worden, einer der schlimmsten Völkermorde überhaupt. Der Prozeß endete mit einem Freispruch für den Studenten.

Niemeyers Sohn Otto taugte nicht für die Schule. Überhaupt fiel es ihm auch später schwer, einen Lehrer zu akzeptieren, als er schon den Maler in sich entdeckt hatte. An der Kunstgewerbeschule in Luzern hielt er es nur ein halbes Jahr lang aus. An der Kasseler Kunstakademie sagte man ihm, er könne nicht zeichnen – er schied grollend. Auch in Paris blieb er an einer privaten Malakademie nur ein paar Monate.

Der junge Niemeyer war 1914 Soldat geworden. Im Trommelfeuer des Ersten Weltkrieges brach er psychisch zusammen. Er rannte aus dem Schützengraben in den Kugelhagel. Er ging mit aufgepflanztem Bajonett auf seinen Hauptmann los. Seine Kameraden mußten ihn festhalten. Er kam ins Lazarett und wurde schließlich als kriegsversehrt aus der Armee entlassen. Das Rote Kreuz vermittelte ihm einen Kuraufenthalt in der neutralen Schweiz. Das war 1916. Dort begegneten ihm zwei Glücksfälle. Zum einen: Er begann zu malen. Zum anderen: Er fand Freunde, die ihn zum Malen ermunterten. Ein Freund aus jenen Tagen, der Schriftsteller Werner von der Schulenburg, sah die ersten Blätter von Niemeyer. »Gehen Sie nach Ascona«, sagte er, »dort ist Künstlervolk, dort bekommen Sie Anregungen und Hinweise, da gehören Sie hin.« In Ascona traf Niemeyer den Maler Alexej von Jawlensky. Auch der machte ihm Mut: »Ja, junger Mann, Sie sollten Maler werden.« Was der große Max Liebermann in Berlin über Niemeyers Blätter sagte, ärgerte den jungen Maler, obgleich es sicher nett gemeint war: »Aus dem wird wat, der klaut sich de Farben aus'm

Meer.« Niemeyer heiratete in dieser Zeit. Ein Kind war unterwegs, der Sohn Peter, der im Zweiten Weltkrieg fallen sollte. Ihm gewidmet ist das kleine Gemälde Niemeyers, das eine sterbende rote Tulpe in einem Glas zeigt. Niemeyer lebte mit seiner ersten Frau Herta Langwara, die er als lebensuntüchtig und als Kettenraucherin schilderte, in Armut. Nach weniger als vier Jahren ließ er sich scheiden. 1924 begannen abermals seine psychischen Krisen. Wieder fuhr er in die Schweiz. Zusammen mit sechs anderen Malern gründete er dort die Gruppe »Der Großer Bär«. Den Namen wählten die Künstler deshalb, weil zum Sternbild »Großer Bär« sieben Sterne gehören. Schließlich kehrte Niemeyer nach Berlin zurück, wo er Annelise Schmidt kennenlernte. Er begegnete ihr in einer Gesellschaft und erfuhr nur, daß sie in einer Berliner Registratur arbeitet. Als ihm die Frau nicht mehr aus dem Sinn gehen wollte, suchte er sie in allen Registraturen Berlins. Davon hat er später launig erzählt. Er fand sie schließlich im Statistischen Reichsamt und lud sie in einem Brief ein, sich mit ihm zu treffen. Von seiner »Unverschämtheit«, wie sie sagte, beeindruckt, ließ sie sich einladen. Annelise wurde Niemeyers zweite Frau, die Frau, von der ihn nur der Tod scheiden konnte. Er nannte sich Käpt'n, sie war der Stüermann. Niemeyer war noch immer arm, aber von seiner Kunst vollkommen überzeugt. Schulenburg hatte ihm geraten, seinen nichtssagenden Namen aufzupeppen. Fortan nannte der Maler sich nach seiner Heimat Otto Niemeyer-Holstein. Bald hatte er auch eine Art Markenzeichen gefunden. Er signierte mit »ONH«. So wird er noch heute genannt.

Der psychisch so anfällige Künstler ließ sich im praktischen Leben von keinem Hindernis abhalten. So schaffte er es, einen Teil der Reichtümer seines inzwischen gestorbenen Vaters nach Lüttenort zu bringen. Er holte die wertvollen Möbel mit der Schubkarre vom Bahnhof Zempin ab. So entstand die Döns, die gute Stube des nach und nach erweiterten Hauses. Der S-Bahnwagen war nur noch ein Durchgang. Die Delfter Kacheln kamen auf die eine Seite der Döns. Der Alkoven auf die andere. Bei Niemeyers in Kiel waren, wie der Name es sagt, die Betten im Alkoven verschwunden. Um in Lüttenort aufgestellt zu werden, mußten die Holzteile des Alkovens neu zusammengesetzt und die Türen verkleinert werden. Es standen auch keine Betten mehr dahinter, sondern die Bibliothek des Malers.

Der Künstler half sich oft mit Eulenspiegeleien durch das schwierige Leben. In der Zeit des Zweiten Weltkrieges wurde er zum Arbeitsdienst eingezogen. Er mußte den Bahnhof in Trassenheide betreuen. Einmal vergaß er, die Schranken hochzukurbeln. Ein Militärkonvoi staute sich auf der Straße. Ein andermal vergaß er, einem Sonderzug freie Fahrt zu geben. In dem Zug saß aber Reichsluftmarschall Hermann Göring, der nach Peenemünde wollte. Niemeyer-Holstein hatte

Glück. Ein Militärgericht blieb ihm erspart. Als er schließlich zum letzten militärischen Aufgebot kam, verdrückte er sich. Er verbrachte ein paar Tage bei einem Sargtischler, der ihn in einem Sarg versteckte, und kehrte über die Deiche am Achterwasser nach Lüttenort zurück. Die schmalste Stelle der Insel sollte gesprengt werden, um die Rote Armee aufzuhalten. Aber dazu kam es nicht mehr. So erlebte der Maler das Ende des Krieges unbehelligt in seinem Atelier.

Die Nationalsozialisten hatten die wenigen Bilder von ihm, die von Museen angekauft worden waren, entfernen lassen. Auch die neuen Machthaber konnten mit Niemeyer-Holstein nichts anfangen. 1950 lautete ein Urteil über seine Kunst: »So geht es nicht, das ist keine Gestaltung der Wirklichkeit.« Der Maler litt darunter. Das zeigt sein Selbstbildnis von 1948. Ein zergrübeltes, unglückliches Gesicht ist darauf zu sehen. Auch versuchte er sich anzupassen und malte etwa den Aufbau der Stalinallee, der »sozialistischen Magistrale« in Berlin. Niemeyer-Holstein mußte in dieser Zeit seinen Lebensunterhalt mit einer kleinen Landwirtschaft bestreiten. Oder er lud Feriengäste ein, mit ihm auf dem Achterwasser zu schippern. Das Segelboot »Lütte«, 1905 gebaut, war inzwischen durch den Kutter »Orion« ersetzt worden. Noch heute steht er auf dem Gelände des Gedenkateliers. Vier Buchstaben hat der Maler daran geschrieben: WZRG. Das ist keine Registrierung oder so etwas, wie man glauben könnte, sondern nur die Abkürzung für: wunschlos, zeitlos, restlos glücklich. Im Kutter übernachteten viele der Gäste, die nach Lüttenort kamen. Maler waren das vor allem. Niemeyer-Holstein, der keine Ausbildung erfahren hatte, war ehrlicherweise auch anderen kein Lehrer. Er hielt nichts davon, eine Schule zu bilden. Daß es Kunsthistoriker in der DDR gab, die eine Usedomer Malerschule entdeckten, nur weil sich ein paar Künstler auf der Insel angesiedelt hatten und miteinander freundschaftlich verkehrten, wird ihn erheitert haben.

Nach der offiziellen Ablehnung seiner Kunst in den fünfziger Jahren folgten später die Preise und die großen Ausstellungen. Endlich konnte Niemeyer-Holstein von seinen Bildern leben. Allerdings war die offizielle Wahrnehmung auch mit Sätzen wie diesen verbunden: »Doch hat das Werk von Otto Niemeyer-Holstein eine die Erläuterung ziemlich erschwerende Eigenschaft: Es widersetzt sich einer Ausdeutung, die sich im Äußerlichen, zum Beispiel an den Inhalten der Motive oder an weitergehenden Absichten, orientiert. Was der Künstler sucht und formuliert, ist vordergründig schwer zu bestimmen.« Auf solches Wortgeklingel antwortete der Käpt'n auf seine Weise: »Wenn man anfängt mit dem Wollen – dann hört man als Maler schon auf!«

Endlich war genug Geld da, um Lüttenort zu vergrößern. Das Ati, das Atelier, war ihm längst zu klein geworden, die enge Stiege hinauf

Otto Niemeyer-Holstein in seinem Atelier in Lüttenort

in seine Schlafkammer zu beschwerlich. Der gepflasterte Weg zwischen dem kleinen Hafen und der Straße wurde sein Eigentum und ein Teil des Gartens. Jenseits des Weges richtete er sein neues Atelier ein. Es war viel größer und voller Licht. Er nannte es »Tabu«. Tabu war es für jedermann, auch oder vielleicht vor allem für Annelise. Die jungen Mädchen, die der alte Niemeyer malte, durften hinein. Niemeyer-Holstein hat neben Meeresstücken, Motiven aus seinem Garten und Porträts vor allem Akte gemalt. Je älter er wurde, desto kraftvoller und sinnlicher wurden sie. Die Mädchen oder Frauen mußten ihre Position auf einer Chaiselongue mitten im Atelier halten. Der Maler stellte einen Spiegel auf, so daß seine Modelle sehen konnten, wie das Bild entstand.

Niemeyer-Holstein hat Akte hin und wieder auch im Garten gemalt. Was Lebensgenuß war und Erotik, wurde in einer Monografie über den Künstler in der DDR-Zeit so komisch ausgedrückt: »Daß es dem Künstler jetzt aber gelang, in Übereinstimmung mit jungen Menschen, die an seiner Kunst Anteil nahmen und die ja auch unweit des Ateliers dem Körper mit größter Selbstverständlichkeit am Strand seine Freiheit gaben, Akte zu malen und zu zeichnen, war ein neues Element der Arbeit.«

Den vielen jungen Malern, die nach Lüttenort pilgerten, war Niemeyer-Holstein ein älterer Kollege. Hatte man zusammen gemalt, tauschte man Bilder aus. Auf diese Weise kam Niemeyer zu seiner bemerkenswerten Sammlung von Plastik und Malerei. So entstand

59

auch der Garten von Lüttenort, wo Natur und Kunst vollkommen eins geworden sind. Vorbild war der Park von Ascona, in dem ebenfalls Natur und Plastiken zusammengehörten. Die jungen Maler von damals, deren geschenkte Bilder einen Raum in Lüttenort einnehmen – noch genau so, wie Niemeyer sie gehängt hatte –, schwärmen bis heute von Niemeyer-Holstein. Auch er erinnerte sich gern an die vielen Freunde: »Ich zögere nicht, guten Herzens weiterzugeben, was ich in meinem Leben gefunden zu haben meine, aber immer bin ich froh darüber, wenn jüngere, die bei mir arbeiten und meine Hinweise suchen, trotzdem zu anderen Ergebnissen kommen – mit innerer Konsequenz.«

In seinen letzten Lebensjahren war Niemeyer-Holstein zu einer Usedomer Sehenswürdigkeit geworden. Die Mädchen, die er ansprach, fühlten sich geehrt. Hatte er sich angekündigt zu einer Veranstaltung etwa im Kulturhaus in Zinnowitz, wurde ihm ein Platz in der ersten Reihe freigehalten. Man wartete, bis er kam. Tauchte er bei Vernissagen in Galerien der Umgegend auf, war das ein Ereignis. Wo er stand, war der Mittelpunkt. Das lange schlohweiße Haar umwehte ihn wie ein Heiligenschein. Das wettergegerbte Gesicht des Alten war ganz Charakter. Er war der Käpt'n, immer und überall. Einmal malten die Söhne zweier seiner alten Usedomer Malerfreunde, Matthias Wegehaupt und Oskar Manigk, die Sternzeichen an die Decke der Döns, während Niemeyer auf Reisen war. Als er wiederkam, gab es atemlose Spannung und schließlich Erleichterung, als er sagte: »Ist gut gemalt, kann bleiben.«

Es mag mit einem Augenzwinkern geschehen sein, aber Niemeyer-Holstein war um seinen Nachruhm bemüht. Er erzählte rechtzeitig genug sein Leben, so daß ein schönes Buch daraus werden konnte. Was er erzählte, war eine Abfolge von Anekdoten. Vergnüglich ist es etwa, ausgerechnet von ihm etwas über den Dichter Rainer Maria Rilke zu hören, den er indirekt durch die Freundschaft zu dessen zeitweiliger Frau kannte, der Bildhauerin Clara Westhoff. Die habe wie eine Landpomeranze ausgesehen, urteilte Niemeyer-Holstein. Und die Ehe mit Rilke sei auch nicht lange gutgegangen. Rilke sei eifersüchtig auf einen Kutscher gewesen, nur weil der einen Bart wie er getragen habe. Frauen, die ihn umschwärmten, seien ihm bald lästig geworden. Zu festen Bindungen sei er nicht fähig gewesen. So auch nicht zu Clara Westhoff. Er soll sich zur Wand gedreht haben, als sie kam, um den Sterbenden noch einmal zu sehen. Zur Hochzeit der gemeinsamen Tochter Ruth habe er nur ein paar nichtssagende Zeilen geschickt. Clara Westhoff kommentierte: »Wie immer bei René: hohe Worte.« René war Rilkes eigentlicher Vorname. Er hatte ihn später eingedeutscht. Niemand allerdings hat all die Anekdoten Niemeyer-Holsteins geprüft. Dennoch werden sie bei jeder Führung

Blick von der Mühle auf Benz

durch das Gedenkatelier weitererzählt und so zu einer eigenen Wahrheit. Auch lag dem Maler daran, daß sein Lüttenort so bliebe, wie er
ihn am Tag seines Todes verlassen würde. Das hat sich nach seinem
Tod am 20. Februar 1984 erfüllt. Das Gedenkatelier mit seinem Zau-
bergarten fehlt in keinem Reiseführer für die Insel. Unterdessen ist
ein modernes Gebäude hinzugekommen, eine Kunsthalle, die Ausstellungen mit seinen weit verstreuten Bildern zeigt. Er hat es auch
geschafft, daß Lüttenort, der Name, den er erfunden hatte, heute auf
den Landkarten vermerkt ist.
Begraben ist der Maler auf dem kleinen, von einer Feldsteinmauer
umgebenen Friedhof in Benz. In dem Dorf hatte Niemeyer-Holstein die alte Windmühle gerettet, die ohne sein Geld unweigerlich
verfallen wäre. Entstanden war der sogenannte Erdholländer Anfang
des 19. Jahrhunderts. Die Mühle wurde zu einem Atelier für junge
Künstler ausgebaut. ONH hat sich seiner Nachwelt versichert. Seiner Kunst allein, den mehr als viertausend Bildern, wäre ein solcher
Ruhm wohl kaum zuteil geworden.

Und nun?
*Das Gedenkatelier für Otto Niemeyer-Holstein zwischen Zempin und Kose-
row ist schon wegen des Gartens Pflichtprogramm. Wer den Garten richtig
erleben will, muß ihn zu jeder Jahreszeit einmal besucht haben.*

»Kaiserliche gehauset«

Das Wasserschloß Mellenthin – Die Kirche – Die Grabplatte –
Wilhelm Meinholds »Bernsteinhexe« – Der Schriftsteller und Pfarrer als
Mensch – Seine literarische Idee – Gustav Adolf landet auf der Insel und
küßt Maria Schweidler – Die Oxenstiernas – Prinz von Homburg

Mellenthin ist ein Dorf im Hinterland der Insel Usedom. Es liegt etwas abseits der Wege und hat zwei Sehenswürdigkeiten: das Wasserschloß und die Dorfkirche. Das Schloß entstand Ende des 16. Jahrhunderts für einen Rüdiger von Neuenkirchen, einen Vertrauten des damaligen Pommernherzogs. Ein Wasserschloß ist in dieser Gegend ungewöhnlich. Dennoch haben es die Zeiten mit dem Gebäude nicht gut gemeint. Nach dem Zweiten Weltkrieg war es ein Getreidelager. Darüber war sogar Hermann Heinz Wille entsetzt, der 1953 als junger Schriftsteller ein Reisebuch über Usedom veröffentlichte und darin ansonsten die neue DDR-Zeit gebührend lobte. Später entstanden in dem Schloß Wohnungen. An Wertvollem hat der Renaissancekamin von 1613 die schweren Zeiten überdauert. Er wanderte zwar vom Obergeschoß in die Eingangshalle. Da ist er aber immer noch zu sehen. Zwei Atlanten tragen das Oberteil. Auf dem ist der Teufel dargestellt, der mit einem Herrn in der Kutsche davonfährt. Rüdiger von Neuenkirchen muß die schöne Eigenschaft der Selbstironie gekannt haben. Denn wer läßt sich schon gern mit dem Teufel ein.

Die Dorfkirche steht nur ein paar Schritte vom Schloß entfernt. Sie wurde erstmals 1336 erwähnt. In der Kirche befindet sich die Grabplatte für Rüdiger von Neuenkirchen und seine Frau, eine von Eickstaedt. Auch Wilhelm Meinhold – richtig heißt er Johann Wilhelm Meinhold – hat diese Platte gesehen. Sie soll ihn zu seinem Roman über die »Bernsteinhexe« angeregt haben, der ihm einen Platz in der deutschen Literaturgeschichte sicherte. Meinhold wurde ganz in der Nähe, in Netzelkow im Nordteil der Insel Usedom, geboren. Sein Vater war Pfarrer und hatte es mit der Gesundheitserziehung. Entsprechend hart war Meinholds Kindheit. Andauernd mußte er sich körperlicher Prüfungen unterziehen. Er wurde geschlagen und mußte den Vater auch noch als seinen Lehrer ertragen. Als er sechzehn Jahre alt war, kam er auf die Greifswalder Universität. Einer seiner Lehrer, Gotthard Ludwig Kosegarten, sagte über den Student: »Bei dem Meinhold liegt in einer rauhen Schale ein süßer Kern verborgen.« Meinhold muß also schon damals schwierig gewesen sein.

Der Familie ging das Geld aus. Meinhold brach sein Studium ab. Er wurde Hilfsprediger in Gützkow bei Greifswald, später – da war er 24 Jahre alt – Lehrer und Rektor an der Stadtschule in Usedom. Das war 1820. In diese Zeit fiel auch seine literarische Erweckung. »Herzog Bogislaf« hieß sein erstes Drama, gefolgt von »St. Otto, Bischof von Bamberg«. Sie blieben unveröffentlicht, auch wenn Jean Paul, dem Meinhold sein Werk geschickt hatte, Freundliches darüber sagte. Veröffentlicht wurde vier Jahre später ein Gedichtband. Ein Exemplar ging, wie es damals üblich war, an Goethe. Auch der lobte, fand vieles aber zu weitschweifig. An einem aufrichtigen literarischen Urteil indes war Meinhold nicht interessiert. Er schrieb regelrechte Bettelbriefe an die Großen seiner Zeit, sie sollten ihn etwas bekannter machen. Schließlich wurde Meinhold 1821 Pfarrer in Koserow, später auch in Krummin. In den Kirchenbüchern fand er Eintragungen über Hexenprozesse. »Meines Vorgängers Tochter ist vor zwei Jahren als Hexe verbrannt worden«, hieß es in Koserow. »Die Rösesche Zauberin von Zempyn nach Mölschow geholt, wo sie exekutiert worden«, hieß es in Krummin. Solche Hinweise und das Paar auf der Grabplatte von Mellenthin brachten Meinhold auf die Idee, eine Erzählung »Die Pfarrerstochter von Coserow« zu schreiben. Das war 1827. Meinhold schickte seinen Text an das »Wiener Modejournal«. Dort wurde er von der Zensur abgelehnt – aus einem abenteuerlichen Grund, nämlich »wegen der lobenden Beziehung der Novelle auf Gustav Adolf«. Auch die »Pfarrerstochter von Coserow« wäre bald vergessen gewesen, hätte sich Meinhold nicht ein Dutzend Jahre später darangemacht, seine Erzählung umzuarbeiten und als einen Text auszugeben, der aus dem 17. Jahrhundert stamme und den er als Folianten mit Schweinsledereinband in einer Nische unter einem Chorgestühl der Kirche von Koserow gefunden habe. Damit es echt wirkte, behauptete er noch, der erste Teil der Chronik, sechs Kapitel von 29, sei verlorengegangen. Auch fehlten einzelne Seiten. Das Manuskript setze, so schrieb Meinhold in seiner Vorrede, mit den Worten »Kaiserliche gehauset« ein.

Die Täuschung war für ihre Zeit so vollkommen, daß auch Heinrich Heine an die Echtheit der Darstellung aus dem Dreißigjährigen Krieg glaubte. Schon der umständliche Titel schien tatsächlich aus dieser Zeit zu stammen: »Maria Schweidler, die Bernsteinhexe. Der interessanteste aller bisher bekannten Hexenprozesse nach einer defecten Handschrift ihres Vaters, des Abraham Schweidler in Koserow auf Usedom, herausgegeben von W. Meinhold, Doktor der Theologie und Pfarrer«. Dabei war ein solcher literarischer Kunstgriff unter den Romantikern nicht einmal neu. Erstmals drauf gekommen war James Macpherson, der zwischen 1760 und 1763 Lieder über den irischen Sänger Fingal veröffentlichte. Er gab sie als Werke eines legendären Sängers Ossian aus. Wilhelm Heinrich Wackenroder hatte in den »Herzensergießungen eines kunstliebhabenden Klosterbruders« einen Mönch zum Autor gemacht, wenn auch die wahre Urheberschaft nicht verheimlicht wurde. Aber so war die Romantik. Meinhold gelang es tatsächlich, Geist und Sprache des 17. Jahrhunderts heraufzubeschwören. All seine sonstige Weitschweifigkeit und Düsternis verlor sich dabei. Meinhold erzählte eine spannende Kriminalgeschichte.

Der angebliche Erzähler ist ein Pfarrer aus Koserow. Er hat eine fünfzehnjährige und natürlich hübsche Tochter: Maria Schweidler. Der Amthauptmann von Pudagla will sich ihr nähern. Sie weist ihn ab, denn ihre Liebe gilt dem Junker von Nienkerken, eben dem von Neuenkirchen aus Mellenthin. Als sie und ihr Vater reich werden, weil Maria am Streckelberg bei Koserow Bernstein findet, behauptet der Amthauptmann, sie sei eine Hexe. Maria erlebt all die Schrecklichkeiten eines Hexenprozesses. Ihre Hinrichtung ist schon anberaumt, da taucht der Junker auf, rettet und heiratet sie. In Meinholds Zeit war das durchaus noch ein Thema. Der letzte Hexenprozeß in Deutschland lag gerade mal ein halbes Jahrhundert zurück.

Im 15. Kapitel der Erzählung taucht dann tatsächlich auch der schwedische König Gustav Adolf auf. Er ist auf dem Weg von Peenemünde nach Swinemünde, um die Kaiserlichen zu schlagen. 1628 hatten die Schweden erstmals in den Krieg, der dreißig Jahre dauern und so heißen sollte, eingegriffen. Sie unterstützten die Stralsunder gegen Wallensteins Belagerung. Die Stadt widerstand. Am 24. Juni 1630, es war der Johannistag, landeten die Schweden unter Gustav Adolf auf Usedom, indem sie »bey den Ruden angelanget und gleich mit einem starcken Donnerwetter auf die Reide daselbst eingelauffen«, wie es nicht etwa bei Meinhold, sondern in einem zeitgenössischen Zeugnis heißt. Gustav Adolf hatte 10.000 Mann bei sich. Eine solche Streitmacht muß ein imposanter Anblick gewesen sein. Zwei Jahre später, am 6. November 1632, fiel der schwedische König bei Lützen. Die Schweden brachten genau wie die Kaiserlichen Not, Elend und Zerstörung. Ob ein protestantischer Pfarrer damals in all dem Kriegselend Gustav Adolf als Retter des Luthertums begrüßt haben mag? Meinholds Erzähler jedenfalls tut es. Und nicht nur das. Sein Gustav Adolf sieht auf seinem Triumphzug über die Insel Maria und findet sie allerliebst: »Und gläubete ich, er würde sie nur auf die Stirne küssen, wie sonsten die Potentaten zu tun pflegen, aber nein! Er küßte sie also gerade auf den Mund, daß es schmatzte und seine langen Hutfedern ihr umb den Nacken hingen, so daß mir abermal ganz bange vor sie wurde. Doch richtete er sich bald wieder in die Höhe, nahm die güldene Kette sich ab, an welchen unten sein Konterfei bummelte, und hing sie meinem Töchterlein umb ihren Hals.«

Meinholds Traumlandschaft aus der »Bernsteinhexe« hatte mit seinem wirklichen Leben nichts zu tun. Daß das Buch überhaupt nach vielen vergeblichen Versuchen erscheinen konnte, war dem Preußenkönig Friedrich Wilhelm IV., dem »Romantiker auf dem Thron«, zu danken. Er ließ das Manuskript anfordern und befahl, es zu drucken.

Grabplatte in der Kirche von Mellenthin
für Rüdiger von Neuenkirchen und seine Frau

Das war 1843. Das Buch wurde ein großer Erfolg – bis heute. Seinen Autor hat es nicht glücklich gemacht. Mit jeder seiner Gemeinden, ob nun in Koserow oder Krummin, hatte es sich der Pfarrer verdorben. Ein Spottvers aus jener Zeit ging so: »Wir wollen Dich nicht haben, Du Doktor von Krummin – und sollten wir auch traben zum Alten nach Berlin.« Meinhold aber zahlte mit gleicher Münze zurück. Über den Charakter der Einwohner von Usedom sagte er: »Da möchte ich denn behaupten, daß das hiesige Volk zwar sehr arbeitsam ausdauernd, dienstfertig und im allgemeinen ehrlich und aufrichtig, aber auch gleichgültig gegen jede geistige Erhebung, phantasielos und oft in einem unglaublichen Grade phlegmatisch ist. Sobald aber der hiesige Bauer die Lampe seines Geistes mit etwas Schnaps angefeuert hat, wird er gleich aufgeweckter und gesprächiger.«

Völlig frustrierend schließlich muß das Verhältnis zwischen Meinhold und der Gemeinde in seiner letzten Pfarre im hinterpommerschen Rehwinkel gewesen sein. 1850 zog er sich verbittert nach Berlin zurück. Inzwischen hatte er einen weiteren Hexenroman geschrieben

Das Wasserschloß Mellenthin um 1930

»Sidonia von Bork«. Der ging auf eine wahre Begebenheit zurück: Die einstige Jugendliebe eines Wolgaster Herzogs wurde 1620 wegen Hexerei erst enthauptet, dann verbrannt – da war die Frau aber schon achtzig Jahre alt. Seinen letzten Roman »Der getreue Ritter« konnte Meinhold nicht mehr vollenden. Sein Sohn tat es für ihn. Wie Meinhold die Welt sah, läßt sich am Titel einer Streitschrift aus dem Jahr 1848 erkennen: »Die babylonische Sprachen- und Ideenverwirrung der modernen Presse als die hauptsächlichste Quelle der Leiden unserer Zeit«. Am Schluß war der ehemalige evangelische Pfarrer sogar zum katholischen Glauben übergetreten.

Als Usedom nach dem Durchzug Gustav Adolfs fortan und bis 1720 zu Schweden gehörte, kam Schloß Mellenthin in den Besitz der Familie Oxenstierna. Deren berühmtester Vertreter war Axel, der schwedischen Reichskanzler, der nach dem Tod Gustav Adolfs bis 1644 Vormund von Königin Christine war, der Tochter des Schwedenkönigs. Der Sohn Oxenstiernas besaß fortan Mellenthin, überhaupt das Amt Pudagla. Er hieß Johan und wird beschrieben als »großer Mann mit rotem Gesicht, ziemlich beschränkt, leicht erregbar, sehr hochmütig und dem Wein und den Frauen sehr zugetan«. Er pflegte mit großem Gefolge aufzutreten. 1654 wurde er zum Reichsmarschall ernannt. Er war Kanzler der Universität Greifswald und Präsident des schwedischen Oberappellationsgerichts in Wismar. Als er starb, hinterließ er eine junge Witwe. Sie hieß Margaretha und hatte vor dem Sohn einen Bruder des Reichskanzlers geheiratet. Der Bruder war 1643 gestorben, der Sohn starb 1657. 1661 heiratete sie abermals. Diesmal war ein junger schwedischer Oberst der Erwählte. Sie war dreißig Jahre älter als er. Sein Name wurde durch Heinrich von Kleists letztes Drama bekannt: Prinz Friedrich von Homburg. Genau hieß er Friedrich II., Landgraf von Hessen-Homburg. Zwei Jahre vor seiner Hochzeit mit Margaretha hattc cr bei der Belagerung von Kopenhagen sein linkes Bein bis zum Knie durch eine Kanonenkugel verloren. Er soll sich noch selbst die Sehnen durchschnitten haben. Er bekam eine Prothese, was ihm wegen der silbernen Schnallen den Beinamen »der Landgraf mit dem silbernen Bein« einbrachte. Friedrich wechselte später aus schwedischen Diensten in brandenburgische. Dabei half ihm das Vermögen seiner Frau. Als diese gestorben war, heiratete er eine Nichte des Großen Kurfürsten. Friedrich von Homburg hatte seinen großen Tag, als er 42 Jahre alt war. Es ging gegen seinen früheren Arbeitgeber. In der Schlacht bei Fehrbellin westlich von Berlin im Juni 1675 ritt er die erste Attacke. Die von ihm geführte Vorhut sollte die weichenden Schweden aufhalten, bis die brandenburgische Hauptmacht heran war. Das gelang. Die Schweden wurden trotz ihrer Übermacht vom Großen Kurfürsten geschlagen. »In Staub mit allen Feinden Brandenburgs«, heißt es bei Kleist. Fortan wurde Brandenburg als eine neue europäische Macht wahrgenommen. Allerdings soll der Prinz von Homburg nicht so bedeutend gewesen sein, wie er bei Kleist erscheint. Nach dem Tod seiner zweiten Frau heiratete er noch einmal. Da hatte er sich aber schon lange auf seine Güter zurückgezogen und regierte die Landgrafschaft Homburg im Hessischen, das heutige Bad Homburg und Umgebung.

Und nun?
Pudagla und Mellenthin sind an einem Vormittag besichtigt. Der Nachmittag könnte Benz gehören. Es lohnt auch, an das Achterwasser zu fahren, etwa zum Balmer See.

VON WEGEN KAISERBÄDER

Auf dem Schloßberg

Der Landtag von 1128 – Otto von Bamberg – Sein Stil, seine Methode –
Fisch, Fleisch und alles Gute – Die Stadt zur Insel –
Pommern kommt von »am Meer«

Der Schloßberg in der Stadt Usedom liegt zwar mitten in der Stadt,
ist aber dennoch nicht auf den ersten Blick zu finden. Für die pommersche Geschichte hat der Schloßberg eine große Bedeutung gehabt.
Hier nahmen die Führer der wendischen Stämme aus Westpommern
auf einem Landtag am 10. Juni 1128 das Christentum an. Getauft
wurden sie durch Bischof Otto von Bamberg. Er errichtete auf dem
Hügel, der einst ein slawischer Burgwall gewesen war, das erste Kreuz.
Ein fünf Meter hohes Kreuz erhebt sich noch heute dort. Es wurde
allerdings erst 1928 errichtet, ein sogenanntes römisches Kreuz oder
crux immissa. Es ist jene klassische Kreuzform im Christentum, die
sich aus dem Bild von der Kreuzigung des Gottessohnes erklärt – der
vertikale Balken ist länger als der horizontale. Die Inschrift lautet:
»An dieser Stelle nahmen zu Pfingsten 1128 die Führer der Wenden
in Westpommern das Christentum an. Gott will nicht erzwungenen,
sondern freiwilligen Dienst. Otto von Bamberg« Die gesamte Anlage
ist im Geschmack ihrer Zeit errichtet. Eine Backsteinmauer umgibt das
Kreuz wie ein Heiligtum. Wer dort steht, genießt nach dem Aufstieg
vermutlich lieber den Blick über die Dächer der kleinen Stadt oder
zum Haff und denkt weniger an Otto von Bamberg und die Massen-
taufe hier oben vor mehr als acht Jahrhunderten. Auf dem Schloßberg gab es ursprünglich die slawische Burg Uznam, die der ganzen
Insel ihren Namen geben sollte. Später stand hier bis in das 18. Jahrhundert hinein der Witwensitz der pommerschen Herzoginnen. Bis
1928 war dann überhaupt nichts mehr auf dem Hügel.
Nicht erzwungener, sondern freiwilliger Dienst für Gott – für Otto
von Bamberg war das ein Leitmotiv. Er kam nicht mit Feuer und
Schwert, um das Christentum zu bringen. Er machte Eindruck durch
sein würdiges, ja gebieterisches Auftreten, sein enormes Selbstbewußt-
sein, seine reichen bischöflichen Gewänder, sein großes Gefolge und
seine wortgewaltigen Predigten. Auch war er ein geschickter Vermittler in diesen wilden Zeiten. Zweifellos hat er manchen Kriegszug verhindern können, auch wenn es immer noch genug Kriege gab. All das
machte ihn später zu einem Volkshelden der Pommern, zum »Apostel
der Pommern«. 1189 wurde er heiliggesprochen. Er blieb Volksheld
sogar noch nach der Reformation. Am Stettiner Schloß blickt er, in
Stein gehauen, noch immer auf seine Gemeinde herunter.
Bis zu seinem Tod 1139 gehörte Pommern zu seinem Bistum. Er
regierte es von Bamberg in Bayern aus. Erst später gab es ein eigenes

pommersches Bistum, dessen Bischof zunächst im Kloster Grobe auf Usedom saß, später, von 1176 an, in Cammin auf der Insel Wollin. Das alte Pommern liegt heute nicht nur in zwei Staaten, es ist auch kirchlich vollkommen geteilt. In Polen ist die katholische Kirche traditionell eine Macht. Vorpommern jedoch kann beinahe als protestantisches Kernland gelten. Es gehört heute zur Pommerschen Evangelischen Kirche. Deren Bischof sitzt in Greifswald.

Otto vom Bamberg blieb nach jenem denkwürdigen Pfingsttag auf dem Usedomer Schloßberg noch einige Zeit in Pommern. Auf seiner Missionsreise gründete er Kirchen in Usedom, Wolgast und Gützkow. Er lehrte Milde und Friedsamkeit. Kriege um die Vorherrschaft in diesem Gebiet hatte es schon genug gegeben. Wartislaw, den ersten Pommernherzog, hatte der Bischof schon einige Zeit zuvor dazu gebracht, sich von seinen Nebenfrauen zu trennen und gleichsam christliche Ordnung in sein Leben zu bringen. Bei allem Prunk, bei aller Freundlichkeit und hohen Begleitung für Otto von Bamberg war die Missionierung keineswegs ein Spaziergang. Rügen mit seinem slawischen Heiligtum in Arkona blieb bis 1168 vom Christentum unberührt. Die Insel war schon immer ein Sonderfall – und ist es bis heute geblieben. Aber auch auf Usedom wollten sich die heidnischen Priester nicht geschlagen geben. So wird erzählt, daß einige von ihnen sich in den Wald zurückgezogen hätten, um als Gottheiten verkleidet plötzlich den verängstigten Leuten zu erscheinen und ein großes Spektakel zu veranstalten. Andererseits wird ebenso von zwei Priestern erzählt, die in Wolgast von einer Frau versteckt worden waren. Wolgast hatte sich geschworen, weder den Bischof noch seine Leute in die Stadt zu lassen. Die Frau hatte Mitleid mit den beiden Abgesandten Ottos und schickte die Suchtrupps auf eine falsche Fährte. Wartislaw kam schließlich zusammen mit dem Bischof in die Stadt, um die Lage zu beruhigen. In einer alten, mit Pathos geschriebenen preußischen Geschichte heißt es darüber: »Mit unermüdlichem Eifer begann der Bischof seinen Unterricht und ging nicht eher von dannen, als bis die Einwohner das Christentum angenommen hatten und die Götzentempel zerstört waren.«

Dem missionierenden Bischof folgten alsbald die Mönche. Auf Usedom wurde das Kloster Grobe von den Benediktinern errichtet. Es muß in der Nähe der Stadt Usedom gelegen haben. Genau weiß man es allerdings nicht. Später zogen die Mönche nach Pudagla um. Die Christianisierung unter den Wenden war keineswegs allein der Wechsel von einem Gott zum anderen. Es ging um Macht und Einfluß. Das Bekenntnis zum Christentum bildete gleichsam die Grundlage für die Modernisierung der damaligen Gesellschaft. Tatsächlich blühte das Land nach einigen Jahrzehnten auf. Handel und Wandel kamen in Schwung, besonders als die deutsche Siedlung begann. »Die

Auf dem Schloßberg in der Stadt Usedom

Zehnten vom Land der Slawen nahmen zu, weil deutsche Ansiedler aus ihrer Heimat herbeiströmten, um das Land zu bebauen, welches geräumig, fruchtbar an Getreide, reich an vorteilhaften Weiden und mit Fisch, Fleisch und allem Guten im Überfluß versehen war«, heißt es in einer alten Chronik. Usedom wurde zur Handelsstadt, der damals eine große Zukunft gewiß schien. Zeitweilig gab es dort fünf Kirchen. 1298 wurde der Stadt das »Lübische Recht nach Greifswalder Gebrauch« verliehen. Usedom erhielt vom Pommernherzog nicht nur die Stadtgrenzen bestätigt und damit garantiert, sondern auch Zollfreiheit, die Konzession für die Mühlen und die Fischereigerechtigkeit. Aber zum Aufstieg fehlten der Stadt das offene Meer und ein Hafen. Die Stadt Usedom versank noch im Mittelalter in Bedeutungslosigkeit.

Otto von Bambergs Aufenthalt auf Usedom war eine der Stationen auf seiner zweiten Missionsreise durch das Gebiet der Pommern. Die erste hatte er vier Jahre zuvor unternommen. Gerufen hatte ihn der Polenkönig Boleslaw III., der die pommerschen Stämme unterwerfen wollte. Schon seit dem Jahr 1000 etwa hatten die polnischen Herzöge das versucht, aber ohne dauerhaften Erfolg. Otto kam bei seiner ersten Reise von Dresden über Gnesen in das pommersche Gebiet östlich der Oder. Es wird erzählt, er habe auf seiner Reise ein so riesiges Waldgebiet durchqueren müssen, daß er dafür drei Tage benötigte. Der Pommernherzog Wartislaw hatte zwar schon in seiner in Sachsen verbrachten Jugend das Christentum angenommen. In den pommerschen Stämmen jedoch herrschte noch der alte heidnische Glaube. Ottos Missionierung stärkte einerseits den Polenkönig, andererseits auch den Pommernherzog. Der versuchte nun seinerseits, die Gebiete westlich der Oder für sich zu gewinnen, wo die Lutizen lebten. Zu diesem Gebiet gehörte auch Usedom. Wartislaw suchte abermals Unterstützung bei dem damals schon sechzig Jahre alten Otto. Der Bischof reiste diesmal über Magdeburg durch das Havelland in das Peenegebiet. In Demmin wurde er von Wartislaw empfangen. Der Bischof erwies sich dabei einmal mehr als geschickter Vermittler, denn natürlich sah es Boleslaw III. ungern, wenn Wartislaw eigene Wege ging. Am Ende erkannte der Pommernherzog die polnische Oberhoheit an und der Polenherzog die Lehnhoheit des römisch-deutschen Kaisers.

Das Peenegebiet war seit dem sechsten Jahrhundert, seit der Völkerwanderung, von slawischen Stämmen besiedelt. Sie prägten die Namen, die noch heute zu finden sind. Po morze heißt auf polnisch am Meer. Daraus wurde Pommern. Uznam, so heißt Usedom auf polnisch, geht zurück auf Mündung. Usta – das ist auf polnisch die Mündung oder auch der Mund. Jener schon erwähnte Polenkönig Boleslaw III. ist in die Geschichtsbücher eingegangen unter dem Beinamen Krzywousty. Schiefmund oder auch Schiefmaul heißt das.

Und nun?

In ein, zwei Stunden ist die Stadt Usedom durchwandert. Sehenswert sind neben dem Schloßberg die Marienkirche, das Anklamer Tor, der Markt und der kleine Hafen. Im ehemaligen Bahnhof ist das Besucherzentrum des Naturparks untergebracht. Der Naturpark umfaßt etwa viertausend Hektar. Zu ihm gehört der deutsche Teil der Insel Usedom einschließlich Achterwasser, Insel Ruden, Halbinsel Struck, Kleines Haff, Peenestrom und angrenzendem Festland.

Badewanne der Berliner

Erstes Seebad am Heiligen Damm – »Dat kolle Wader« –
Wie Ahlbeck und Heringsdorf den Fremdenverkehr für sich entdeckten –
Seebrücken, Strandkörbe, Bäderarchitektur – Unser Berliner kommt aus
Dresden – Die »Aktion Rose« – Die Wismut in Zinnowitz

Die entscheidende Anregung zur Gründung eines Seebades in Deutschland kam nicht von der Küste, sondern aus Göttingen. Georg Christoph Lichtenberg lehrte an der dortigen Universität. Er fragte 1793 im »Göttingschen Taschenkalender«: »Warum hat Deutschland noch kein öffentliches Seebad?« Im selben Jahr entstand es – am Heiligen Damm bei Doberan, heute Heiligendamm, westlich von Rostock gelegen. Friedrich Franz von Mecklenburg-Schwerin gründete das Bad. Nahegelegt hatte ihm das sein Leibarzt Samuel Gottlieb Vogel, der dann auch der erste Badearzt in Heiligendamm wurde. Heiligendamm entwickelte sich in den folgenden Jahren zu einem exklusiven Ort, an dem sich gekrönte Häupter erholten. »Freude empfängt dich hier, entsteigst du gesundet dem Bade« – so lautet die Übersetzung der lateinischen Inschrift im Giebel des 1816 erbauten Kurhauses, das heute als Teil des Hotels Kempinski wieder ein Ort von Luxus ist. Das zweite Seebad entstand mehr als zwanzig Jahre später in Lauterbach auf Rügen, auch dort als eine fürstliche Gründung. Das langgestreckte Badehaus in Putbus-Lauterbach erzählt noch heute davon.

Die Seebad-Mode war aus England nach Deutschland gekommen. Lichtenberg empfahl nicht nur ein Bad in der See, sondern auch, Seewasser zu trinken. Der schon greise Blücher, Marschall Vorwärts aus den Befreiungskriegen, brachte die Mode nach Pommern. Als er sich in Swinemünde in die Meeresfluten stürzte, war die Aufregung noch groß. Ähnliche Geschichten gibt es viele. So wird von der Tochter eines preußischen Forstmeisters berichtet, die 1836 auf die Idee kam, am Strand von Zinnowitz ein Bad zu nehmen. »In dat kolle Wader is noch keen Minsch ohn Türg rin gahn, Se holn sich den Dod!« sollen die Begleiterinnen gerufen haben. »Oder die ewige Jugend«, soll das Mädchen geantwortet haben. Bestaunt wurden auch die Kinder eines Gutspächters aus Stolpe nahe der Stadt Usedom. Er schickte sie 1852 nach Ahlbeck an die See. Ein ganzer Troß reiste damals an, denn die Kinder hatten die kompletten Betten dabei und eine Fuhre Lebensmittel sowie geschnittenes Rohr, das für eine Badehütte zu einer Art Zelt aufgeschichtet wurde. Die Einheimischen rätselten, ob die Badenden ins Irrenhaus oder ins Gefängnis gehörten.

Überhaupt wurde der Fortschritt an der Küste von den Badenden entschieden. Sie waren sozusagen die Trendsetter. Der Schriftsteller

Hans Werner Richter erzählt davon, wie er einmal – es war die Zeit kurz nach dem Ersten Weltkrieg – an einem Abend allein zur See geht und aus lauter Lebensfrust splitternackt in die Ostsee springt. Als er das später seiner Freundin erzählt, ist sie entsetzt: Nackt ins Meer, unglaublich! Die Herren damals gingen im Anzug an den Strand und die Damen in langen Kleidern. Wer zum Baden ins Wasser stieg, trug Badeanzüge, die mehr verhüllten als entblößten. Die Kultur des Badelebens, in der zweiten Hälfte des 19. Jahrhunderts überhaupt erst entstanden, hat sich in der Folgezeit rasch gewandelt. Heute würde ein Nackter am Strand weniger auffallen als ein Mann im Badeanzug von 1928.

Seit Mitte des 19. Jahrhunderts war das Baden im Meer kein adliges Vorrecht mehr. Bis aber die Feriengäste in Scharen kamen, dauerte es noch ein paar Jahrzehnte. In Greifswald oder Stralsund waren es die Einheimischen, die das Meer für sich entdeckten. So entstanden die ersten direkt an der See gelegenen Badeanstalten. Dann aber entwickelte sich der Fremdenverkehr unaufhaltsam. Swinemünde wurde das erste Seebad auf Usedom. Nur wenige Monate später folgte Heringsdorf. Oberforstmeister Bernhard von Bülow besaß das Land Gothen rund um den Gothensee. Er hatte es aus dem in Konkurs gegangenen Mellenthinschen Besitz erworben. Am Strand ließ er einfache Badeeinrichtungen bauen. So großartig wie das heutige Heringsdorf darf man sich das alles aber nicht vorstellen. Damals gab es gerade einmal 113 Dorfbewohner. Die Fischerdörfer lagen landeinwärts. Ihre reetgedeckten Häuser duckten sich gegen die Stürme, die vom Meer her kamen. Fischer gingen nicht zum Baden an die See. Sie konnten auch nicht schwimmen. Entsprechend argwöhnisch dürften sie die ersten Sommergäste beobachtet haben. Es waren dann auch Ärzte, hochgestellte Beamte oder Bürgermeister, welche die Feriengäste auf die Insel holten. Die Ärzte lobten die Heilsamkeit von Wasser und Luft. Die Staatsdiener erkannten, daß mit den Feriengästen ein neuer Wirtschaftszweig entstehen würde. Im Sommer 1846 zählte Heringsdorf vierhundert Badegäste. Dreißig Jahre später waren es schon weit mehr als siebentausend. 1895 wurden mehr als zehntausend Gäste gezählt. Von Bülow hatte den ersten Schritt getan. Aber erst unter dem Einfluß der Familie Delbrück wurde Heringsdorf ein bedeutendes Seebad. Hugo Delbrück stammte aus Schlesien und arbeitete unter anderem als technischer Direktor einer Zementfabrik in Stettin. Er war 1863 zum ersten Mal nach Heringsdorf gekommen und hatte, wie man so sagt, sein Herz an diesen Flecken Erde verloren. Die Delbrücks begannen, Grundstücke zu kaufen und darauf Villen zu bauen. 1872 wurde zu diesem Zweck eine Aktiengesellschaft gegründet, deren erster Direktor Hugo Delbrück war. Sie bestand bis in die Zeit der Inflation hinein. Sieben Jahre nach ihrer Gründung

Das Ostseebad Heringsdorf vor hundert Jahren

veröffentlichte das Amtsblatt in Stettin diese Mitteilung: »Durch aller-
höchsten Erlaß vom 4. Juni d. J. sind die im Kreis Usedom-Wollin
belegenen Kolonien Heringsdorf und Neukrug unter Abtrennung
von dem selbständigen Gutsbezirke zu einem besonderen Gemein-
debezirke mit dem Namen ›Seebad Heringsdorf‹ erklärt worden, was
hiermit zur öffentlichen Kenntnis gebracht wird.«

Heringsdorf entfaltete fortan seine Pracht, wurde das »Nizza der Ostsee« und ist bis heute unter den Usedomer Seebädern das eindrucksvollste. Heringsdorf bekam auch die eindrucksvollste Seebrücke. 1891
wurde der Grundstein gelegt. Zwei Jahre später war sie fertig und wurde
nach Kaiser Wilhelm benannt, was dieser bereits in einem ausgerechnet auf dem Eisbrecher »Berlin« im Januar 1891 ausgefertigten Schreiben huldvoll erlaubt hatte. Die Brücke war fünfhundert Meter lang
und sozusagen multifunktional. Hier machten nicht nur die Dampfer
fest, welche die Seebäder untereinander verbanden. Hierher brachte
auch das Postschiff seine Ladung. Die Seebrücke war eine Flanier-
meile und zugleich ein Kaufhaus und ein Restaurant. Hundert Jahre
später entstand die inzwischen längst verfallene Brücke neu. Sie liegt
allerdings etwa fünfzig Meter östlich des Standortes der alten und ist
acht Meter länger. Sie ist offenbar so fest gegründet, daß kein Ostsee-
sturm ihr etwas anhaben kann. Jedenfalls blieb sie unbeschädigt, als
im November 1995 meterhohe Wellen die anderen Usedomer Seebrücken zerstörten. Die Heringsdorfer Brücke ist sogar überdacht. In
ihren Aufbauten gibt es Geschäfte, Gaststätten, ein Kino, ein Museum
und Ferienwohnungen.

An der Promenade zwischen Heringsdorf und Ahlbeck sind die wohl
schönsten Beispiele der Bäderarchitektur zu sehen. Bei den Villen am
Strand war alles erlaubt – jeder Baustil durfte zitiert, jedes Element

benutzt werden, seien es Erker, Loggien, Veranden, Säulen oder Giebeldreiecke. Es gibt Renaissancepaläste und gotische Burgen, antike Tempel und Blockhütten. Jedes Haus mußte nur irgendwie freundlich gestrichen sein und einen zugleich würdigen wie einladenden Anblick bieten. Und viele bunte Fahnen mußten sein! Die Denkmalpfleger sagen: »Bis zum Ende des 19. Jahrhunderts bleibt die entsprechende Architektur dem Historismus verhaftet, um die Jahrhundertwende setzten sich funktional bestimmte Baulösungen durch.« Auch den heutigen Seebadbesuchern kann es im Grunde genommen nicht genug Historismus sein. Je verspielter, desto schöner.

Das dankbare Heringsdorf hat seinem Förderer Hugo Delbrück einen Stein auf der Strandpromenade gewidmet. Die Delbrücks waren nicht nur Geldgeber. Sie brachten auch viele Berühmtheiten aus ihrem Bekanntenkreis nach Heringsdorf. Theodor Mommsen etwa, den Historiker, dem wir die große »Römische Geschichte« verdanken und dessen Denkmal vor dem Hauptgebäude der Humboldt-Universität in Berlin steht. An einem Julitag des Jahres 1892 kämpfte ein Badender verzweifelt gegen die Wellen. Er war trotz Warnungen viel zu weit hinausgeschwommen. Die Notglocke wurde geläutet. Ein kräftiger Mann rettete den Schwimmer und übergab ihn dem Bademeister, bevor dieser das Rettungsboot hatte zu Wasser lassen können. Neugierige liefen zum Strand. Der Gerettete kam mitten in einer Menschentraube zu sich und bat den Bademeister, die Menge zu zerstreuen. Der Bademeister verriet niemandem, wer der Gerettete war. Dafür bekam er fortan von diesem jedes Jahr ein üppiges Weihnachtsgeschenk. Erst als der Mann 1903 gestorben war, wurde bekannt: Es war Mommsen gewesen. Bei dem Zwischenfall am Strand war er ein Mann von 75 Jahren! Die Laune des Schicksals wollte es, daß einer seiner Urenkel, der Historiker Wolfgang Mommsen, 2004 bei einem Badeunfall in Heringsdorf starb: Er hatte im Wasser einen Herzinfakt erlitten. Der Vater von Hans Werner Richter war eine Zeit lang Bademeister. Auch er hat, glaubt man dem Roman seines Sohnes, eine Prominente gerettet: eine Tochter des Großherzogs von Mecklenburg-Schwerin. Einen Taler, gleich drei Mark, soll er dafür bekommen haben.

Nur wenige Jahre später war es mit den Badeanstalten, in denen Mann und Frau noch getrennt badeten, vorbei. Es kam die Zeit des Familienbades und seiner Gesetze: »Das Baden im Familienbad ist nur in geschlossenen, aus undurchsichtigem Stoff hergestellten Badeanzügen gestattet.« Auch der Badekarren, der ins Meer geschoben wurde und den Badenden auf diese Weise der Blicke vom Strand her enthob, war bis 1902 verschwunden. Die Badegäste sonnten sich fortan in den Strandkörben und gingen von dort aus zum Baden in das Wasser. Der Strandkorb ist eine Erfindung aus einem anderen berühmten deutschen Seebad: aus Warnemünde. Eine rheumageplagte Dame

Seebrücke am Strand von Ahlbeck

kam 1882 zu dem Rostocker Korbmacher Wilhelm Bartelmann. Sie wollte einen Sitzplatz am Strand, der wind- und auch sonnengeschützt sein sollte. Bartelmann baute einen »Strandstuhl«. Zwei Jahre später erfand er auch einen Strandkorb, in dem zwei Personen nebeneinander sitzen konnten. Der Strandkorb verbreitete sich rasch entlang der Ostseeküste. Bartelmann allerdings hatte sich seine Erfindung nicht patentieren lassen. Andere machten das Geschäft. Die erste deutsche Strandkorb-Fabrik entstand 1923 in Wolgast und zog später nach Heringsdorf. Etwa 70 000 Standkörbe soll es heute entlang der Nord- und Ostseeküste in Deutschland geben. Da muß es nicht verwundern, daß es wohl keinen anderen Gegenstand aus einem Badeurlaub gibt, der so oft fotografiert wird. Die Fotografen aus den Seebädern hatten früher sogar einen Strandkorb mit Sand im Atelier, um Erinnerungsfotos für die Kunden zu schießen.
Prominente Seebäder ziehen Prominente an. Es gibt ein Foto von 1926, das Marlene Dietrich im Badeanzug am Strand von Swinemünde zeigt. Der russische Schriftsteller Maxim Gorki lebte einige Monate lang im »Haus Irmgard« in Heringsdorf, um – vergeblich – sein Lungenleiden zu kurieren. Ihm ist in diesem Haus ein Museum gewidmet – in der Maxim-Gorki-Straße. Der Romancier Heinrich Mann verbrachte seine Ferien auf Usedom wie auch der Lyriker Theodor Däubler, die Schauspielerin Trude Hesterberg oder der Operettenkomponist Eduard Künnecke. Von Engelbert Humperdinck, dem Opernkomponisten, erzählt eine Erinnerungstafel, daß er am 9. September 1906 eine Kutschfahrt auf der Insel unterbrach, um im »Strandhotel« mit seiner Familie Kaffee zu trinken.

77

Überhaupt wurde Usedom zur »Badewanne der Berliner«. Die Insel war von der Hauptstadt aus relativ gut zu erreichen, vor allem dank der Bahnverbindung. Hier gab es breite und dabei endlos lange Sandstrände. Und es gab viel Sonne: 1.906 Stunden im Durchschnitt scheint sie pro Jahr auf Usedom, so lange wie nirgendwo sonst an der deutschen Ostseeküste. Die Berliner prägten derart das Badeleben auf Deutschlands zweitgrößter Insel, daß »der Berliner« für den Feriengast schlechthin stand. Da konnte es vorkommen, daß es hieß: »Unser Berliner kommt in diesem Jahr aus Dresden.« Im Juni, so erzählt Hans Werner Richter, riefen sich die Einheimischen zu: »Die Berliner kommen.« Drei Monate später hieß es erleichtert: »Dei Berliner sind wech.« In den drei Monaten Sommer war kein Quartier und kein Strandkorb mehr zu bekommen. Davor und danach, in der Vor- und Nachsaison, aber war jeder Gast besonders gern gesehen.

So ist es auch heute noch auf Usedom. Oder eigentlich müßte man sagen: So ist es heute wieder. Denn mit all dieser Herrlichkeit des Badelebens war es nach dem Zweiten Weltkrieg vorbei. Im Frühjahr 1953 wurden in der DDR mehr als siebenhundert Hotels, Pensionen und Taxiunternehmen entlang der Küste überprüft, wie es offiziell hieß. Zuvor waren rigide Wirtschaftsvorschriften erlassen worden, deren einziger Zweck darin bestand, das private Gewerbe zu zerschlagen. Das gelang. Für die neuen Machthaber war die »Aktion Rose« ein Erfolg. Der lange vorbereitete Plan war nicht nur geheim geblieben. Es konnten auch mehr als vierhundert Hotels und fast zweihundert Gaststätten beschlagnahmt werden. Ein privater Fremdenbetrieb wurde schon dann enteignet, wenn irgendwo der »Stern« herumlag oder irgend eine andere »Westzeitschrift«. Aus dem Kurhaus Kaiserhof Atlantic in Heringsdorf wurde damals das Ferienheim »Solidarität«, das der DDR-Einheitsgewerkschaft gehörte. Das Haus sei, so hieß es in einer zeitgenössischen Beschreibung, zu einem Begriff für »die Bestarbeiter und Aktivisten in allen volksdemokratischen Ländern geworden«.

Zinnowitz hingegen wurde als »Bad der Deutschnationalen« verunglimpft, wo die Kurkapelle zum Abschluß jedes Konzertes »Fern bleib der Itz von Zinnowitz« gespielt habe. Zinnowitz nahm nach der »Aktion Rose« eine besondere Entwicklung: Der Ort gehörte von 1953 an faktisch zur Wismut AG. Die Ferieneinrichtungen wurden, wie es damals hieß, der Wismut »übergeben«. Die Wismut saß in Sachsen und Thüringen. Sie war nach dem Zweiten Weltkrieg entstanden, zunächst als sowjetischer, schließlich, von 1954 an, als sowjetisch-deutscher Betrieb. Dort wurde das Uran gefördert, das die Sowjetunion für ihre Atombombenprojekte benötigte. Die ersten Bergarbeiter mußten zwangsrekrutiert werden und schufteten unter erbärmlichen Bedingungen. Die Landschaft wurde rücksichtslos ausgebeutet. Die Folgen sind bis heute zu sehen. Die Abraumhalden bei Ronneburg bekamen als »Ronneburger Titten« einen zweifelhaften Ruf. Später wurden die Bergarbeiter mit Privilegien zur Wismut gelockt. Dazu gehörte auch Ostseeurlaub in Zinnowitz. Die Wismut war für DDR-Verhältnisse reich. Überall wurde fortan in Zinnowitz gebaut. Aus dem legendären »Preußenhof«, so genannt seit einem Besuch von Kaiser Wilhelm, wurde das Ferienheim »Glück auf!«, dessen Zierde eine große Grubenlampe als Leuchtbild war. 1955 entstand das »Walter Ulbricht«, heute das unter Denkmalschutz stehende Hotel »Vineta«. In den siebziger Jahren folgte der Plattenbau »Roter Oktober«, in dem es – ungewöhnlich genug für die DDR – eine Schwimmhalle mit Meerwasser gab. Heute ist es das »Baltic«. Die Wismut baute in den fünfziger Jahren auch das Kulturhaus mitten im Ort, dessen Saal neunhundert Plätze hatte und mit dessen gigantischen Ausmaßen heute offenbar niemand mehr etwas anzufangen weiß.

Die Seebrücke von Zinnowitz hingegen verschwand in der DDR-Zeit. Sie war 1909 als letzter großer Seebrückenbau auf Usedom vollendet worden. Der Neubau knapp neunzig Jahre später ist im Grunde genommen keine Seebrücke mehr, sondern ein Seesteg. Der erste Seesteg auf der Insel stand übrigens in Karlshagen. Das Dorf hatte seinerzeit, 1885, große Pläne, ebenfalls Seebad zu werden. Die Konkurrenz zwischen Karlshagen und seinen Nachbarorten verhinderte das schließlich. Nach dem Machtantritt der Nationalsozialisten war der Nordteil der Insel ohnehin weitgehend militärisches Sperrgebiet geworden. Dabei blieb es bis zum Ende der DDR. Überhaupt nur eine Seebrücke überlebte die DDR, und auch sie nur zum Teil. Es war glücklicherweise die schönste – die von Ahlbeck.

Und nun?

Wer den Trubel liebt, stürze sich sommers in das Badeleben der Kaiserbäder. Wer es stiller mag, fahre an die Strände im Norden der Insel. Und wer es ganz still mag, der wandere im November am Strand entlang – von Seebrücke zu Seebrücke.

Vorpommern als Südschweden

Julklapp, Linjon und Tonnenreiten – Der Schwedenkönig wird
Pommernherzog – Der Ausbau der Swine – Die Kaiserfahrt –
Aal-Beek und Thurbruch – Der Rückzug der Schweden –
Wie schön Bürokratie sein kann

187 Jahre lang gehörte Vorpommern – genauer gesagt ein Teil von Vorpommern – zu Schweden. Südschweden sagt man noch heute im Scherz. Diese Zeit hat erstaunlich wenig Spuren hinterlassen. Das Wort von den »schwedischen Gardinen« ist zwar weithin verbreitet. Es bezog sich jedoch auf das schwedische Stangeneisen, das für Gefängnisbauten begehrt war, ein Exportschlager sozusagen. Der »alte Schwede« ist auch so ein allgemeiner Ausdruck geworden. In Wismar gibt es ein Haus »Alter Schwede« am Markt. Auch »Julklapp«, die Feier in der Vorweihnachtszeit mit Scherzgeschenken, hat sich eingebürgert. Ausdrücke wie »schwedische Farbe« hingegen sind vergessen. Gemeint war die rote Farbe, mit der die Schweden ihre Häuser anstrichen und die ein Nebenprodukt der Kupfergewinnung war. Was ein »Schwedentanz« ist, dürften auch nur noch wenige wissen – eine Quadrille. Und sagt heute noch jemand Linjon, wenn er Preiselbeeren meint? Ein schwedisches Vergnügen trifft man noch hier und da in Vorpommern, in Gristow bei Greifswald etwa: das Tonnenschlagen. Dabei muß ein Reiter im Galopp eine aufgehängte Tonne mit einem Stab treffen.

Vorpommern einschließlich der Insel Rügen kam am Ende des Dreißigjährigen Krieges zu Schweden. Gustav II. Adolf von Schweden hatte es zuvor erobert. Wie schon erzählt, setzte er 1630 in Peenemünde seinen Fuß auf deutschen Boden. Heute steht eine kleine Kapelle an dieser Stelle, die erste Kirche für die Peenemünder überhaupt. Sie entstand 1876, verfiel aber, als Peenemünde jahrzehntelang Sperrgebiet war. 1993 wurde das Kirchlein neu gebaut und ein Gedenkstein aufgestellt. »Verzage nicht, du Häuflein klein«, ist darauf zu lesen. Im Frieden von Münster und Osnabrück bekam Schweden außerdem die Städte Stettin, Garz, Damm, Gollnow, die Insel Wollin sowie die Mündungsarme von Peene, Dievenow und Swine. Schweden bekam damals auch Wismar mitsamt der Insel Poel, die Herzogtümer Bremen (ohne die Stadt allerdings) und den Warnemünder Zoll. Überhaupt kontrollierten die Schweden von da an die Mündungen von Elbe, Weser und Oder. Schweden war zur Großmacht geworden. Die Dänen, bis dahin die Mächtigen im Ostseeraum, hatten das Nachsehen, obgleich auch »dem Dänen das Maul sehr nach solchem Stück Land wässerte«, wie es in einer zeitgenössischen Urkunde heißt.

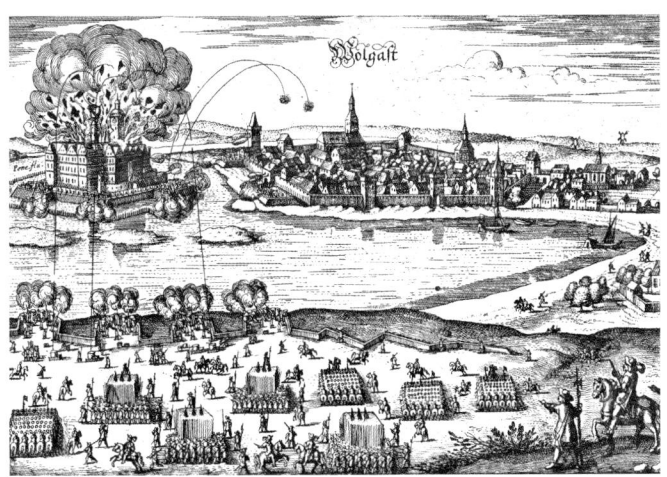

Belagerung des Wolgaster Schlosses 1675

Juristisch gab es allerdings in Vorpommern eine Besonderheit: Der schwedische König trat nicht als schwedischer König auf, sondern als Pommernherzog. Als Pommernherzog konnte er auf die deutschen Dinge Einfluß nehmen. Er hatte Stimme auf den Obersächsischen Kreistagen, im Reichstag und Reichsfürstenrat. Mitten im Dreißigjährigen Krieg, 1637, war der letzte Pommernherzog kinderlos in Wolgast gestorben. Wegen des Krieges konnte er erst 1650 ordnungsgemäß in Stettin bestattet werden. Das Geschlecht der Greifen starb aus. Für die Schweden war Vorpommern in jeder Beziehung eine wichtige Beute. »So klein Pommern auch ist, so bringt es uns doch mehr Ansehen als fast das halbe Schweden. All die Aufmerksamkeit, die Frankreich und die evangelischen Mächte in Deutschland uns schenken, beruht auf Pommern«, erklärte der schwedische Reichspräsident 1724 im Reichsrat.

Eine Zeit von Ruhe und Frieden waren die schwedischen Jahre keineswegs. Es folgten der schwedisch-polnische Krieg, der schwedisch-brandenburgische Krieg und der Nordische Krieg. 1677 zerstörte der Große Kurfürst die Stadt und das auf einer Insel im Peenestrom gelegene Schloß von Wolgast, als er die Schweden dort belagerte. Einer der ersten Kanonenschüsse auf das Schloß traf die Pulverkammer und besiegelte so das Schicksal des Ortes. Der »Pommersche Wappenstein« von 1551 und eine Reliefplatte von 1580/90, die einen der Pommernherzöge zeigt, kamen aus der Ruine des Wolgaster Schlosses später in das Hauptgebäude der Greifswalder Universität. Dort sind sie heute noch zu sehen.

Schon 1679 bekam Brandenburg einen großen Teil des rechten Oderufers und den schwedischen Anteil an den hinterpommerschen Seezolleinnahmen. Im Frieden von 1720 schließlich, nach dem Ende des Nordischen Krieges, der Schweden geschwächt hatte, umfaßte Schwedisch-Vorpommern nur noch das Gebiet nördlich der Peene. Mehr ein Brückenkopf südlich der Ostsee als eine Provinz. Den Rest hatte Preußen für zwei Millionen Reichstaler von Schweden gekauft. Usedom wurde damals also brandenburgisch. Allerdings konnten die Schweden noch immer die Seefahrt zwischen dem Hafen in Stettin und der Ostsee an Wolgast vorbei durch den Peenestrom kontrollieren. Viele schwedische Adelsgeschlechter wie die Oxenstiernas erwarben reiche Ländereien in Vorpommern. Große Güter entstanden. Das sogenannte Bauernlegen ging munter fort, während es im benachbarten Preußen längst verboten war. Überhaupt taten die Schweden wenig für die Entwicklung ihrer deutschen Provinz, auch wenn die Schwedenzeit, an der Greifswalder Universität etwa, als anregend empfunden worden war.

In Preußen aber, das es seit 1701 gab, kümmerte sich König Friedrich II. um die neue Provinz. Die Preußen begannen damit, die Swine schiffbar zu machen, um vom schwedischen Zoll unabhängig zu werden. Blickt man auf die Karte, so öffnet sich die Oder nach 860 Kilometern an ihrer Mündung in einen Kelch – in das Stettiner Haff. In diesem Kelch liegen, als wollten sie ihn verschließen, zwei Inseln: Usedom links, Wollin rechts. Drei Ausgänge gibt es. Links der Peenestrom, rechts die Dievenow. In der Mitte aber fließt die Swine und trennt Usedom und Wollin. Die Swine schlängelte sich in vielen Bögen dahin und versandete immer wieder. Was am Streckelberg bei Koserow abgetragen wurde, lagerte sich an der Swinemündung in die Ostsee an. Mit dem Ausbau der Swine sollte das anders werden. Schon unter dem Soldatenkönig Friedrich Wilhelm I. wurde damit begonnen, die Swine schiffbar zu machen und den Hafen Swinemünde auszubauen. Das Vorhaben kam nicht recht voran. Erst unter Friedrich dem Großen begannen die Arbeiten nach dem ersten Schlesischen Krieg richtig, dauerten aber bis nach dem dritten, dem Siebenjährigen Krieg. Allerdings machten Stürme alle Bemühungen regelmäßig zunichte. Eine Sturmflut – schon war es mit dem Schiffsverkehr durch die Swine hindurch wieder vorbei. Dennoch entgingen nunmehr den Schweden die Zolleinnahmen, der Wolgaster Fürstenzoll am Peenestrom. Das war von 1745 an. Erst 1818 wurde in Swinemünde die Mole gebaut, die das Versanden der Flußeinfahrt verhinderte. Die Westmole ist 1.020 Meter, die Ostmole sogar 1.372 Meter lang. Zwar war es mit dem schwedischen Einfluß inzwischen längst vorbei, aber die Preußen hatten erkannt, daß die Schiffe, wenn sie durch die Swine nach Stettin fahren, schneller sind als durch den Peenestrom. Dennoch blieb es bei dem Problem, daß die Swine immer wieder versandete. Davon profitierte Swinemünde. Der kleine Ort wurde zu einer wichtigen Hafenstadt. Da der Schiffsverkehr immer dichter wurde, entstand schließlich 1880 ein Kanal, der die Bögen der Swine kurzerhand abschneidet: die Kaiserfahrt. Sie ist knapp zehn Kilometer lang, schnurgerade und fünf Meter tief. 3,5 Millionen Mark kostete damals das kaiserliche Projekt. Gleichzeitig wurde die Oder ausgebaggert, so daß die Fahrrinne für die Schiffe auf fünf Meter vertieft werden konnte. Fortan war es auch sinnvoll, den Stettiner Hafen weiter auszubauen. Zwischen 1906 und 1914 entstand der Oder-Havel-Kanal, der einen durchgängigen Schiffsverkehr von der Ostsee bis nach Berlin möglich machte. Es war die Zeit der großen Projekte. Der 98 Kilometer lange Nord-Ostsee-Kanal etwa wurde 1895 eröffnet.

Neben dem Hafenausbau kümmerte sich Friedrich II. darum, neues Land zu gewinnen, vor allem durch die Eindeichung der Oder. Das Oderbruch ist das wohl bekannteste Beispiel für die Landgewinnung, die Provinz, die Friedrich, wie er einmal sagte, ohne Krieg gewonnen habe. Etwas ähnliches geschah auf Usedom bei Ahlbeck. Wer am Strand zwischen Heringsdorf und Bansin entlanggeht, kommt über einen Wasserarm, der in die See mündet. Das ist der Sack-Kanal. Er wurde 1817/18 gebaut und fließt aus dem Gotensee, der wiederum im Thurbruch liegt. Die Gegend war viel zu feucht, um hier leben oder Tiere weiden lassen zu können – auch wenn Thur der slawische Name für den Auerochsen ist. Das Gebiet sollte für die Landwirtschaft gewonnen werden. Ein Mann kümmerte sich darum, der für Friedrich schon das Oderbruch trockengelegt hatte: der Geheime Finanzrat Franz Balthasar von Brenkenhoff. Er konnte zwar kaum seinen eigenen Namen schreiben, hatte aber Witz und Organisationstalent. Er war zunächst Page bei Leopold I., dem »Alten Dessauer«. Später gewann er das Vertrauen Friedrichs. Überhaupt verließ sich Friedrich auf die Leute aus Anhalt-Dessau, wenn es um die Oder ging. Brenkenhoffs Vorgänger nämlich war Moritz von Anhalt, ein Sohn des »Alten Dessauers« und von Beruf eigentlich Offizier. Er hatte am 12. August 1747 vom König den Auftrag erhalten, sich um die Oderregulierung zu kümmern. Er erhielt dafür weitgehende Vollmacht, verstand es aber auch, mögliche Kompetenzstreitigkeiten fast ganz zu verhindern, indem er, wie wir heute sagen würden, einen Runden Tisch einberief. Moritz von Anhalt kümmerte sich zunächst um die Swine, wo von 1751 an die Arbeiten zügig vorangingen, obgleich es nur wenig Geld aus der Privatschatulle des Königs dafür gab. Das meiste kam aus Anleihen. Ein späterer Versuch, für den Ausbau des Hafens von Stolp Geld durch eine Lotterie in Pommern zu gewinnen, scheiterte jedoch.

Wann immer jedenfalls von Landneugewinnung durch Trockenlegung in Pommern oder der Neumark die Rede war in den königlichen Akten – Prinz Moritz und Brenkenhoff wurden stets genannt. 1771 begann die Trockenlegung des Thurbruchs. Entwässert wurde

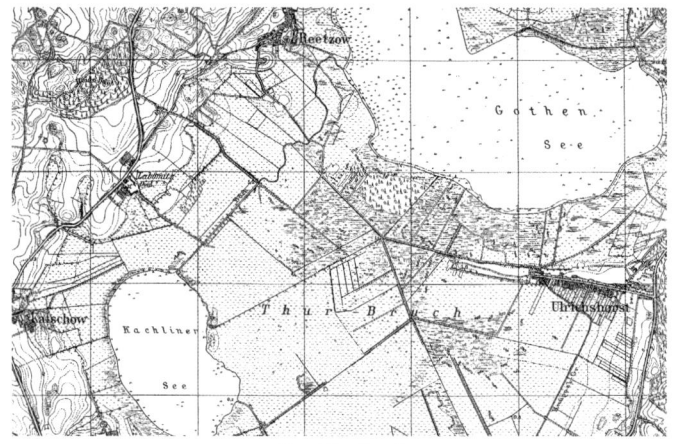

Das Thurbruch

es über ein Flüßchen, das dem Seebad Ahlbeck den Namen gab: die
Aal-Beek. Der Name stammt tatsächlich von Aal. In das Flüßchen
wurden in alter Zeit Aal-Kisten gelegt. Sie brachten offenbar reichen
Fang. Über die Aal-Beek wurde das Wasser aus dem Thurbruch in
die Ostsee abgeleitet. Ausgediente Soldaten und Unteroffiziere des
Königs bekamen Haus und Hof mit dem Auftrag, die Aal-Beek so
zu pflegen, daß sie nicht versanden konnte. Das waren die Aal-Beek-
Kolonisten. Aber jede Sturmflut verschloß die Mündung immer wieder. Über die Aal-Beek wurde der Wasserstand im Gotensee reguliert.
Es gab sogar Versuche, auch den 601 Hektar großen Gotensee trok-
kenzulegen. Sie scheiterten. Auch das Friedrichsche Thurbruch-Pro-
jekt war nicht sehr erfolgreich. Erst als der Sack-Kanal gegraben war,
klappte die Entwässerung. Er ist nach seinem Bauherrn, dem Ober-
präsidenten von Pommern-Stettin Johann August Sack, benannt. Bis
heute sind große Pumpen notwendig, um das Thurbruch trocken zu
halten. Die Aal-Beek wurde 1898 in Rohre verpackt und mündete
in der Nähe des heutigen Hotels »Ostende« in die Ostsee. Zwischen
den Dörfern Korswandt und Goten ist das Flüßchen kaum mehr zu
erkennen. Irgendwann in den siebziger Jahren des 20. Jahrhunderts
wurde der Bach sozusagen umgedreht. Er fließt heute in den Gotensee. Da er aber niedriger als der See liegt, muß sein Wasser durch ein
Schöpfwerk in den See gepumpt werden. Im Seebad Ahlbeck wird
außerdem ein Teil des alten Rohrsystems noch für die Regenentwäs-
serung genutzt. Eine Rigole ist in den Dünen zu sehen. Dort wird
das Wasser zunächst gesammelt und versickert. Da durch die Bebau-
ung immer mehr Regenwasser anfällt, wäre es sogar eine vernünf-
tige Entscheidung, die Aal-Beek wieder offen durch den Ort fließen
zu lassen, um all das Wasser zu sammeln. Ein Teil des im südlichen

Ortsteil anfallenden Regenwassers wird neuerdings auch wieder in die Aal-Beek in Richtung Gotensee geführt. Das Seebad Ahlbeck ist übrigens nicht aus der Kolonistensiedlung Friedrichs II. hervorgegangen, sondern aus einem Fischerdorf.

Zurück aber zu den alten Schweden. Sie verloren 1815 den letzten Zipfel von Vorpommern, das fortan preußisch war. So kommt es, daß die 1456 gegründete Universität in Greifswald, die »Alma mater gryphiswaldensis«, sowohl als die älteste schwedische wie auch als die älteste preußische gilt. Die tatsächliche erste schwedische Universität war die in Uppsala, gegründet 1477. Die erste preußische war die heutige Humboldt-Universität in Berlin, gegründet 1812. Bereits 1803 hatte Schweden Wismar und die Insel Poel verloren oder genauer gesagt: zurückgegeben. Dafür zahlte Mecklenburg mehr als eine Million Taler. Schweden hatte sich ausbedungen, nach einem Jahrhundert den alten Besitz zurückzubekommen. 1903 verzichteten die Schweden indes endgültig. Die »Schwedenköpfe« sind im Hafen von Wismar noch zu sehen. Sie sind jedoch gußeiserne Nachbildungen des ursprünglichen Schwedenkopfes aus dem 17. Jahrhundert.

Die Schweden haben in Vorpommern im übrigen bewiesen, wie schön Bürokratie sein kann. 1669 wurde die schwedische Provinz vermessen. So entstand die Matrikelkarte, die heute im Landesarchiv in Greifswald liegt als einer der wertvollsten und schönsten Schätze dort. Ihr großer Wert ist ein historischer. Seinerzeit diente sie einem weniger schönen Zweck – der Steuereintreibung.

Und nun?

Durch das Thurbruch und am Sack-Kanal entlang gibt es mehrere ausgeschilderte Wanderwege.

Wilhelm kommt zum Tee

Die Kaiser in den Kaiserbädern – Der »Reisekaiser« –
Die Familie Staudt – Die Affäre – Anton von Werner
und die Villa Oechsler – Lyonel Feininger und die Villa Oppenheim

Drei deutsche Kaiser gab es nach der Reichseinigung von 1871, drei
Preußen: Wilhelm I., Friedrich III. und Wilhelm II. Friedrich regierte
nur 99 Tage lang. So kam es, daß 1888 alle drei Kaiser, Großvater,
Sohn und Enkel, hintereinander im Amt waren. Noch heute spricht
man vom Drei-Kaiser-Jahr. Drei Kaiserbäder gibt es auf der Insel
Usedom: Ahlbeck, Heringsdorf und Bansin. Keinesfalls aber darf
man daraus schlußfolgern, daß jeweils auf ein Kaiserbad ein Kaiser
kommt. Auch wenn erwiesen ist, daß alle drei Kaiser auf Usedom
gewesen sind. Die Kaiserbäder sind eine Werbe-Idee aus den Jahren nach 1990. Gemeint war damit, daß sich die drei Seebäder am
Ostende der Insel wieder auf ihren alten Glanz, der auch etwas von
Luxus hat, besinnen sollten.

Im Garten der Villa Staudt direkt an der Seepromenade von Heringsdorf steht seit einigen Jahren eine Büste Wilhelms I. Sie ist 2,70 Meter
hoch, stammt eigentlich aus Braunschweig und zeigt den alten Kaiser,
der fast dreißig Jahre lang zuerst nur preußischer König, später auch
deutscher Kaiser gewesen war. Die Büste soll aber an das Jahr 1820
erinnern, als Wilhelm, 23 Jahre alt, zum ersten Mal nach Heringsdorf kam – zusammen mit seinen Brüdern und seinem Vater, dem
preußischen König Friedrich Wilhelm III., dem Ehemann der 1810
gestorbenen Königin Luise. Noch verwirrender als die Büste vom alten
Wilhelm zur Erinnerung an den jungen ist allerdings, daß in der Villa
Staudt nicht Wilhelm I. aus- und einging, sondern sein Enkel Wilhelm II. In den guten Zeiten vor dem Ersten Weltkrieg pflegte dieser in den Sommermonaten regelmäßig auf Nordlandreise zu gehen.
Er besuchte dann auch die Kriegsmarine in Swinemünde. Wenn die
Jacht »Hohenzollern« in den Hafen einlief, war das ein gesellschaft-
liches Großereignis. Von Swinemünde aus kam der Kaiser herüber,
um bei Frau Konsul Elisabeth Staudt Tee zu trinken. Er kam mit
dem Auto. Es soll ein gelbes gewesen sein. So ging es bis 1913. Im
folgenden Jahr, es war der 29. Juni, wollte der Kaiser auf einer seiner
Jachten gerade die Kieler Woche eröffnen, als ein Torpedoboot zur
Jacht heranschoß und eine Depesche überbrachte. Es war die Nach-
richt vom Attentat auf den Thronfolger in Sarajevo, dem Auslöser
des Ersten Weltkrieges.

Wilhelm II. war überwältigt von den technischen Möglichkeiten seiner Zeit. Er wurde zum »Reisekaiser«. Am liebsten nahm er den Zug.
In seiner Zeit wurde Deutschland mit einem Netz von Kaiserbahn-

höfen überzogen. Der größte und schönste steht in Potsdam hinter dem Park von Sanssouci, neben dem Bahnhof Am Wildpark. Er wurde 1909 eröffnet – mit einem eigenen Gleis, einem Bahnsteig und einer Bahnhofshalle allein für den Kaiser und sein Gefolge. In anderen Orten, in Bad Homburg etwa, waren die Kaiserbahnhöfe dazu gedacht, daß jene, die Wilhelm empfingen, dort warten konnten und daß der Kaiser bei Ankunft und Abfahrt nicht unter die normalen Reisenden geriet. Sein Hofzug hatte sechs Waggons: die Salonwagen von Kaiser und Kaiserin, dazwischen den Speisewagen, außerdem die Gefolgewagen der Herren und Damen sowie den Gepäckwagen. Ein Zufall wollte es, daß der Gefolgewagen für die Herren in Heringsdorf am Bahnhof noch zu sehen ist. Oder eigentlich zu sehen sein wird, denn derzeit wird er am Ahlbecker Bahnhof restauriert. Der Waggon wurde 1907 in Breslau gebaut. Von 1922 an diente er als Lokomotivmeßwagen und von 1960 an als Ferienunterkunft auf der Insel.

Kaiser Wilhelm II. war überhaupt ein modern denkender Mann. Er wirkte stets etwas gefühlskalt, was wohl damit zusammenhängt, daß er eine schwierige Kindheit erlebt hatte. Seine Mutter Viktoria, eine auf Perfektion sehende Frau, mochte es sich und ihm nicht verzeihen, daß ihr Sohn mit einem weitgehend unbrauchbaren linken Arm geboren worden war. Die Entfremdung beider führte später auch zu politischem Streit. Wilhelms Haß auf England hatte etwas damit zu tun, daß seine Mutter eine Engländerin war. Viktoria fand es furchtbar, als Witwe des 99-Tage-Kaisers – sie ließ sich Kaiserin Friedrich nennen – nicht mehr in den Lauf der Welt eingreifen zu können. Wilhelm versuchte, seiner Mutter trotz allem korrekt zu begegnen. Er nahm sich zusammen. Das hatte man ihm schließlich beigebracht.

Wilhelm II. galt seiner Umgebung als Ballon: Man mußte ihn fest an der Leine halten, sonst sauste er davon. Seine Besonderheiten, die oft Absonderlichkeiten waren, könnten ebenfalls mit den Schwierigkeiten zusammenhängen, die es während seiner Geburt gegeben hatte. So hatte das Kind offenbar zu wenig Sauerstoff bekommen. Wilhelm II. war nicht nur immerzu unterwegs, er liebte das Tempo und den Pomp. So schnell wie etwa Berlin zur Metropole wurde, so schnell war auch der Kaiser. Dabei war er laut und fröhlich, die Gesellschaft liebend, die männliche, bierselige vor allem. Er war allerdings auch unstet in seinen Entscheidungen. Nicht alles, was wir heute mit Wilhelminismus verbinden, kann jedoch Wilhelm angelastet werden. Unter seiner Regentschaft gab es in Deutschland faktisch schon eine konstitutionelle Monarchie. Der Wirtschaftsaufschwung war für jeden sichtbar. Deutschland wurde beinahe ruckartig industrialisiert und drängte folgerichtig auch auf neue Rohstoff- und Absatzmärkte. Das führte dazu, daß das Militär an Bedeutung gewann. Das Heer wuchs. Vor allem aber entstand die deutsche Flotte. Der Kaiser-Wilhelm-Kanal, der Nord- und Ostsee verbindet, entstand in jener Zeit. Ebenso die Kaiserfahrt zwischen Swinemünde und dem Haff. Die 1893 errichtete Heringsdorfer Seebrücke wurde ebenfalls nach dem Kaiser benannt. Die Jahre von 1900 bis zum Kriegsbeginn müssen, bei allem Auf und Ab, so etwas wie die gute alte Zeit gewesen sein. Als »Willy« oder »unser Wilhelm« war der Kaiser durchaus beliebt.

Die Familie Staudt lebte in Berlin in einem prachtvollen Jugendstil-Haus am Tiergarten. Der Sommer wurde in Heringsdorf verbracht. Eine der drei Töchter des Hauses wurde in Heringsdorf geboren. Die Geschichte der Familie ist folgende: Wilhelm Staudt hieß eigentlich Jakob Staudt. Sein Vater liebte das Leben und vertrank alles Vermögen. Wilhelm wanderte nach Argentinien aus, um der Armut zu entfliehen. Dort entwickelte er – das Unterseekabel zwischen Europa und Amerika war gerade gelegt worden – einen Telegraphenschlüssel, der dabei half, Nachrichten kostengünstig kurz, aber verständlich abzufassen. Mit dem verdienten Geld ging er nach Europa. Er kaufte Stoffe ein, aus denen er in Argentinien Schlafanzüge nähen ließ. Später handelte Staudts Firma mit Wolle, sogar noch bis 1955. Die Firma wuchs weiter und handelte mit allen möglichen Waren zwischen Argentinien und Deutschland, Buenos Aires und Berlin. 1885 heiratete Wilhelm in Berlin Elisabeth. Deren Vater hatte ein Delikatessengeschäft, in dem seine Tochter, die Ise gerufen wurde, als das arbeitete, was mit dem fast ausgestorbenen Wort Kaltmamsell bezeichnet wird. Wilhelm Staudt soll sich dort den Aufschnitt für sein Abendbrot geholt und so Ise kennengelernt haben. Das Paar wurde in Berlin zum Ereignis: der kleine, irgendwie überall runde Wilhelm und die 1,83 Meter hochgewachsene, schlanke, schöne Elisabeth. Das Paar hatte vier Kinder, einen Sohn und drei Töchter. 1906 starb Wilhelm just an dem Tag, an dem seine Firma die zwölfte, die Hamburger Filiale eröffnete. Eine Blinddarmentzündung war offenbar nicht rechtzeitig erkannt worden.

Der Kaiser kannte die Familie schon seit mehreren Jahren. Nach dem Tod Wilhelms aber muß er als Tröster immer häufiger erschienen sein. Elisabeth und der Kaiser sahen sich in Berlin oder in Heringsdorf. Zwei Jahre nach dem Tod Wilhelm Staudts war der Kaiser Gast auf der Hochzeit der ältesten Staudt-Tochter. Er brachte einen Trinkspruch aus. Das war insofern ungewöhnlich, weil der Kaiser sich auf bürgerlichen Hochzeiten grundsätzlich nicht sehen ließ und schon gar nicht dort Reden hielt. Als der älteste Sohn der Familie beim Militär war, ließ der Kaiser ihn einmal vor die angetretene Mannschaft rufen und richtete ihm Grüße seiner Mutter aus. »Es geht ihr in Heringsdorf gut.« Daß der Kaiser Frau Staudt sah, wann immer es möglich war, muß nicht verwundern. Wohl beinahe jeder hätte sich gern mit der strahlenden Schönheit gezeigt. Elisabeth verkörperte vollkommen

Frau Konsul Elisabeth Staudt und Kaiser Wilhelm II.
beim Tee in Heringsdorf

den Frauentyp ihrer Zeit. Sie hatte außerdem Charme, war intelligent und witzig und kannte sich im Wirtschaftsleben aus. Daß vor allem die Teerunden in Heringsdorf erwähnt werden, hängt wohl mit einem Foto zusammen, das Frau Konsul und den Kaiser beim Tee zeigt. Der Kaiser sitzt entspannt, seine Freundin kerzengerade. Der Blick, den sie wechseln, scheint Beweis genug für das Gerücht, daß man sich seinerzeit auf Usedom erzählte – von der kaiserlichen Affäre.

Hatte Kaiser Wilhelm II. Affären? Ja. Aus seiner Jugend wenigstens sind einige Damenbekanntschaften verbürgt, vor allem aus sogenannten Künstlerkreisen. In Bonn hatte er aus Studententagen ein uneheliches Kind. Hatte er eine Affäre mit Frau Konsul Staudt? Er hofierte die Damen, suchte aber keine Affären, sagen einige Biographen. Er genoß es, von schönen Frauen umschwärmt zu werden. Andere Biographen sprechen davon, daß der Kaiser auch später verschiedene Geliebte hatte. Zweifellos: Er war gern bei Elisabeth. Sie hatte – so etwas kann, wie das Leben lehrt, durchaus Beziehungen befördern – eine Ähnlichkeit mit Wilhelms Frau Auguste Viktoria, die indes als ein wenig langweilig in jeder Hinsicht beschrieben wird.

Die Familie Staudt widerspricht allen Gerüchten. Beide, Frau Konsul und der Kaiser, seien damals um die fünfzig Jahre alt gewesen. Als wäre das ein Hinderungsgrund! Frau Staudt hätte, so heißt es in der Familienchronik, nichts dagegen gehabt, die Geliebte des Kaisers zu sein. »Wilhelm II. ist jedoch unter anderem wegen seiner Prüderie in die Geschichte eingegangen … Wenn hier etwas derartiges vorgelegen hätte, wäre es den Historikern des letzten deutschen Monarchen nicht entgangen.« Mag sein, aber andererseits kennt man auch die Vielfalt des Lebens.

Die Villa Staudt hieß damals noch Miramar. Gebaut wurde sie nach 1870. Kurz vor der Jahrhundertwende erwarb Konsul Staudt das Haus. 1938 hat es Elisabeth Staudt wieder verkauft – an Theodor Morell, den Leibarzt von Adolf Hitler. Später war es ein Erholungsheim für höhere Mitarbeiter der DDR-Staatssicherheit. Es ist schwer zu sagen, ob das Haus das prächtigste in seiner Umgebung ist. Vornehm jedenfalls ist es.

Ein paar Schritte weiter in Richtung Seebrücke steht in Heringsdorf die Villa Oechsler. Sie entstand 1883. In dem zur See gewandten Dreiecksgiebel ist ein Mosaikbild zu sehen. Es ist aus zehntausenden Kristallen zusammengefügt, sogenannten Tesseraes. Sie stammen aus Emailschmelze, in die auch Blattgold und Silber eingeschmolzen sind. Das konnte einer ganz besonders gut: Antonio Salviati. Er war Italiener und gründete 1859 in der Nähe von Venedig eine Mosaikfabrik. Ihm war es gelungen, die alte Technik des Mosaiks zu modernisieren. Das ermöglichte eine schnellere und billigere Arbeit. Auch war es fortan möglich, Halbfabrikate vorzufertigen und zu der jeweiligen Baustelle zu schicken. So gesehen waren Salviatis Bilder einerseits Tradition, andererseits hochmodern. Solche Baukastensysteme waren im übrigen Ausdruck der Zeit, der allgemeinen Industrialisierung und Mechanisierung. Auch traditionsreiche Keramikfabriken wie Villeroy & Boch stellten sich damals um.

Das Bild an der Villa Oechsler zeigt »Badende Grazien«. Der Entwurf stammt vermutlich von dem Berliner Historienmaler Anton von Werner. Das ist insofern wahrscheinlich, weil einige Jahre zuvor von Werner und Salviati schon einmal zusammengearbeitet hatten – beim Bau der Villa Pringsheim in der Berliner Wilhelmstraße. Bauherr war der Großvater von Katharina Pringsheim. Sie ist besser bekannt als Katja und war die spätere Ehefrau von Thomas Mann. Das Haus nahm Motive der Renaissance auf. Von Werner entwarf ein Mosaikfries unter dem Hauptgesims, der, von den Fenstern des Obergeschosses durchbrochen, die vier Lebensalter zeigte. Der Fries begann und endete jeweils mit der Darstellung eines Sphinx –»Initium« und »Finis«, Anfang und Ende. Der Hintergrund des leuchtenden Glasmosaiks, das Salviati schuf, war aus Gold, die Bilder darauf extrem bunt. Theodor Fontane sprach von einer »Kakel-Architektur«. Die Berliner aber waren beeindruckt. Die Villa Pringsheim war einer der luxeriösesten Bauten der Hauptstadt. Das Gebäude wurde – wie auch das Wohnhaus der Familie Staudt am Tiergarten – in den letzten Tagen des Zweiten Weltkrieges zerstört.

Etwas weiter in Richtung Ahlbeck steht die Villa Oppenheim, an welcher die vier gewaltigen Säulen und die Freitreppe davor sofort

Die Villa Oechsler in Heringsdorf

auffallen. Auf Anton von Werner bezogen ist sie das Kontrastpro-
gramm zur Villa Oechsler. Denn hier verbrachte Lyonel Feininger
die Sommer von 1909 bis 1912. Feininger wurde in Amerika geboren. Er kam 1888 nach Deutschland und verließ es nach der Macht-
ergreifung Hitlers. 1912 war er noch am Anfang seines künstlerischen
Weges. Er hatte sich mit Comic-Strips schon einen Namen gemacht.
Jetzt schuf er seine ersten Gemälde. »Ich kann Ihnen nicht verheh-
len, daß mein ›Unbekanntsein‹ bis jetzt ein selbstgewählter Zustand
war, um in Ruhe und strenger Consequenz an meiner Entwicklung
zu arbeiten. Ich bin durchaus nicht am Ende meines Weges«, schrieb
Feininger 1913. In seiner Heringsdorfer Zeit hat er die Villa, die sein
Quartier war, gezeichnet und später, zwischen 1918 und 1920, die
Skizzen als Vorlagen für zwei Holzschnitte benutzt. Er zeichnete aber
auch die Badenden am Strand oder einen »Regentag am Strand«. Er
war in Zirchow, Benz und Neppermin unterwegs, den Dörfern im
Usedomer Hinterland. Damals entstanden die Skizzen für den Zir-
chow-Zyklus. Gemeint sind sieben Gemälde, welche alle die Dorfkirche zeigen. Der Zyklus beschäftigte ihn bis 1916. Feininger entfernte
sich dabei von kleinteiligen und futuristisch bewegten Bildern. Er
fand zu dem großflächigen, beinahe gläsernen Bildstil, der vor allem
mit seinem Namen verbunden wird. Die Zirchow-Bilder sind heute
in bedeutenden amerikanischen Museen zu sehen. Was mit diesem
Zyklus begann, hat Feininger immer wieder fortgesetzt. Er wählte ein
Motiv und malte es in allen Variationen, um auf diese Weise Schritt
für Schritt die eigenen künstlerischen Möglichkeiten zu finden. »Ich
glaube, daß Zirchow 5, 6 und 7 und Vollersroda III und einige andere

dieser Periode, über allen meinen anderen Bemühungen hervorstehen – nicht technisch, sondern in der Monumentalität des Gefühls und der Auffassung«, schrieb er. Zu dieser Zeit schuf er auch schon die ersten Zeichnungen von der Kirche in Gelmeroda, einem thüringischen Dorf nahe der Autobahn bei Weimar. Sie wurden als Titelblätter von Zeitschriften veröffentlicht. Bis in die dreißiger Jahre hinein entstand neben vielen Zeichnungen und Grafiken der Zyklus der dreizehn grandiosen Gelmeroda-Gemälde – ein Meisterwerk der klassischen Moderne. Weder Anton von Werner noch der letzte deutsche Kaiser, Feiningers Nachbarn in der Heringsdorfer Sommerfrische, hätten dafür allerdings einen Sinn gehabt.

Und nun?
Auf der Seepromenade zwischen Ahlbeck und Heringsdorf spazieren. Wer hier und da wegen der Villen mal stehenbleibt, braucht eine knappe Stunde.

Hans Werner Richters Arkadien

Sein Arbeitszimmer – Seine Bibliothek – Seine Kunstsammlung –
Sein Pommern – Sein Leben – Bruder Martin – Carola Stern

Das Münchener Arbeitszimmer von Hans Werner Richter gehört
seit dem Tod des Schriftstellers 1993 nach Bansin. Zu sehen ist es im
alten Feuerwehrhaus, das zum »Hans Werner Richter-Haus« umgebaut wurde. Ein Teil der Bibliothek des Schriftstellers ist ebenfalls
nach Bansin gekommen, auch ein Teil seiner Kunstsammlung. Und
er selbst natürlich: Er liegt auf dem Bansiner Friedhof begraben. Ein
Kunstsammler im eigentlichen Sinn des Wortes war Richter nicht. Auch
wenn er sich vom Honorar für seinen ersten Roman das Gemälde »Die
Holzfuhre« von Alfred Leithäuser kaufte. Es ist ebenfalls in Bansin
zu sehen. Hans Werner Richter kannte viele Künstler, die ihn oder
doch für ihn malten und zeichneten. Er sei ein »gruppenbildendes
Genie« gewesen, konnte man in einem der Nachrufe auf ihn lesen.
Das Genie wirkte vor allem unter den Schriftstellern, besonders den
politisch linken Nachkriegsschriftstellern der Bundesrepublik. Richter
gründete und leitete die »Gruppe 47«. Er tat das zwanzig Jahre lang.
Die Gruppe wurde zur »Legende« oder, wie es auch hieß, zu einer
»bundesrepublikanischen Institution«. Man könnte auch sagen, sie
war eine einzigartige intellektuelle Landschaft. Die Gruppe 47 kannte
keine Satzung, keinen Beitrag, keine Geschäftsordnung. Sie war auch
kein Verein. Sie war das Kuriosum, daß eine demokratische Meinungs-
bildung allein von einer Person, einem freundlichen Diktator sozusagen, bestimmt wurde: Hans Werner Richter.
Mitunter gab es zwischen den Malern, die Richter kannte, und den
Schriftstellern eine Schnittmenge. Wolfgang Hildesheimer gehörte
dazu, der Autor von »Mozart«, »Marbot« oder dem wunderbaren
kleinen Essay in Form eines Briefes an Max Frisch »Mitteilungen an
Max über den Stand der Dinge«. Sein Blatt »Der Hahn« von 1952 ist
in Bansin zu sehen. Auch Günter Grass gehörte in die Schnittmenge.
Er vor allem. Anfang der siebziger Jahre kaufte Richter einen Hof in
Wasserbühren/Norddeich. Dorthin kamen viele Kinder wegen der
Ponys. 1976 schrieb Richter das Kinderbuch »Kinderfarm Ponyhof«.
Drei Jahre später erschien »Bärbel Hoppsala. Neue Abenteuer auf
der Kinderfarm Ponyhof«. Auf dem Hof fiel viel Geschirr an. Das
benutzte türmte sich zu Abwaschbergen. Deshalb schenkte Grass
seinem Freund Richter vier Grafiken »Der Butt«, »Hai über Land«,
»Fußlange Scholle« und »Puppe und Aal«. Die Blätter wurden verkauft und mit dem Erlös für den Ponyhof ein Geschirrspülautomat,
damals noch eine Seltenheit, angeschafft. »Tonis Spülmaschine« hieß
das Gerät fortan, benannt nach Richters Frau Antonie.

Solche Geschichten liebte Richter. Er konnte sie auch wunderbar erzählen mit Sinn für das Anekdotische, für Schnurren und die Wirkung von Pointen, vor allem wenn er sie plattdeutsch vortrug. Manchmal schrieb er seine Geschichtchen auf. 1953 erschien der Roman »Spuren im Sand«, der von Richters Bansiner Jahren erzählt und dabei ein Bild der zwanziger Jahre seines Jahrhunderts entwirft. 1970 veröffentlichte Richter die Sammlung »Deutschland, Deine Pommern«. Solche Erzählerchen sind vielleicht seine besten Texte, weil sie aus Sehnsucht nach der unbeschwerten Kindheit geschrieben wurden. Jener Sehnsucht, die kaum jemand wieder los wird und die im Alter immer heftiger werden kann. 1989 schrieb er: »Das Beste an der Wiedervereinigung für mich: Ich habe meine Heimat wieder.« Da lebte er in München, wo er auch starb. Auf witzige Weise hat er Bayern mit Pommern verglichen: »Die Farbe der Bayern ist weiß-blau, die Farbe der Pommern blau-weiß. Ein Pommer ist also ein auf den Kopf gestellter Bayer. Oder umgekehrt: Ein Bayer ist ein auf dem Kopf stehender Pommer.«

In einem seiner hübschen Texte – er heißt »Und kein Heringsschwanz hat je wieder nach ihm gekräht« – verbreitet sich Richter ausgerechnet über das Sexleben der Pommern. »Amor heißt hier ›Amur‹, und von jemandem, der dem Sex verfallen ist, sagt man: ›Hei hätt so sine Amuren.‹« Friedrich der Große hatte 1768 in seinem »Politischen Testament« von den Pommern so gesprochen: »Unter allen Provinzen hat Pommern die besten Untertanen für die Kriegsdienste wie für alle Ämter hervorgebracht.« In diesem Stil nun schreibt Richter über die pommerschen Mädchen. Man weiß nicht recht, ob er Friedrich parodieren will oder von ihm beeindruckt ist. Die Mädchen also seien nicht von »nordischem Blond«, sondern mehr von »mattem Blond«. Und weiter: »Die pommerschen Mädchen sind nicht, wie man so oft annimmt, langbeinig, schlank, hager, sondern mehr von mittlerem Wuchs, mit engen Taillen, gut geformten Becken, ausgeprägten Brüsten, und wenn sie gehen, wippt alles so betont unbetont, daß einem Betrachter das Wasser im Mund zusammenlaufen kann.« Auch erzählt Richter, daß pommersche Frauen sehr drastisch sein können. Statt eines »Ich liebe dich« heiße es im Fall der Fälle »Nu lech di henn«.

Richter hat sich auf ähnlich liebenswerte Weise über das Essen der Pommern verbreitet. Etwa über die Bedeutung der Kartoffel, die »als Salzkartoffel hergestellt, einen Mann sein ganzes Leben lang ernähren kann, ohne daß dieser jemals die Lust auf sie oder den Geschmack an ihr verliert«. Auch der Kohl kommt bei Richter vor – und seine Wirkungen: »Blähungen sind bei dieser Kohlesserei nicht zu vermeiden, aber, wie ich gehört habe, gingen die höheren Stände früher dazu vor die Tür. ›Sie ließen einen ab‹, sagten die Pommern dazu.

Was aber die niederen Stände, die große, überwiegende Mehrheit, in solchen Situationen taten, das ist mir nicht bekannt. Ich habe nur einen plattdeutschen Satz öfter in meiner Kindheit gehört, und der hieß: ›Wenn du furzen möst, dann go vor die Dör.‹ So versuchten sich die niederen Stände den höheren anzupassen, was aber nie oder nur selten gelang.«

Hans Werner Richter kam aus solchen niederen Ständen. Sein Vater war Fischer, Bademeister, Musiker, Diener, auch Holzfäller. Richter ist übrigens nicht in Bansin geboren worden, wie in fast jedem seiner Lebensläufe vermerkt wird, sondern in Neu Sallenthin, ein paar Kilometer von Bansin entfernt. Er war zwei Jahre alt, als die Familie nach Bansin zog. Die Richters waren auf der Insel Usedom weit verbreitet. Egon Richter, der Romane wie »Zeugnis zu dritt« schrieb oder »Die letzte Fahrt der Königin Luise« sowie Bücher über Usedom, ist eine Neffe von Hans Werner und lebt in Bansin.

Hans Werner Richter lernte den Beruf eines Buchhändlers in Swinemünde. Er fuhr einige Zeit lang zur See – als Souvernirverkäufer auf einem Ausflugsdampfer. Dann ging er nach Berlin.

Dort schloß er sich den Kommunisten an und zog als kommunistischer Straßensänger durch die Stadt. Er sagte sich von den Kommunisten wieder los, wurde aber nach Hitlers Machtübernahme abermals KPD-Mitglied. Er versuchte, eine Widerstandsgruppe aufzubauen, scheiterte und ging nach Paris. Dort lebte er in einer solchen Armut, daß er lieber zurück nach Berlin kam. Er wurde von der Gestapo verhaftet. Man wollte ihm nachweisen, daß er der Anführer der Pazifisten sei. Aus Mangel an Beweisen mußte er schließlich freigelassen werden. 1940 wurde er zur Wehrmacht eingezogen. Im November 1943 geriet er in amerikanische Gefangenschaft. Er redigierte und schrieb für eine Zeitung der Kriegsgefangenen. Sie hieß »Der Ruf«. Er kehrte schließlich nach Deutschland zurück und versuchte, den »Ruf« als neue Zeitschrift herauszugeben. 1947 verboten die Amerikaner das Blatt. Es war ihnen zu links, zu radikaldemokratisch.

Auch der Plan, eine literarisch-satirische Zeitschrift ins Leben zu rufen, scheiterte, hatte aber sein Gutes. Denn als die Autoren sich gegenseitig ihre Texte vorlasen, war die Idee für die Gruppe 47 geboren. Zweimal im Jahr trafen sich die Autoren, zunächst in preiswerten Quartieren, später in edlen Hotels. Schriftsteller aller Klassen und Genres waren dabei. Richter, so war später einmal zu lesen, habe die Runde mit einem »Dompteurblick über den Reihen« geleitet. Er hatte seine Lebensaufgabe gefunden. Die Treffen der Gruppe 47 waren bald berühmt. Sie wurden auch als »Reichsschriftumskammer« verspottet, als »fliegendes Klassenzimmer« oder »Hauptstadtersatz«. Es gab Intrigen und Kräche. Aber jeder Autor war stolz, wenn er von Richter mit einer einfachen Postkarte eingeladen wurde. Viele sind berühmt geworden, zwei bekamen später den Nobelpreis: Günter Grass und Heinrich Böll. Zur Gruppe 47 gehörten Ingeborg Bachmann, Hans Magnus Enzensberger, Erich Fried, Uwe Johnson und Hans Mayer. Sie alle unterwarfen sich freiwillig dem von Richter bestimmten Ritual: Wer dran war, saß auf dem sogenannten elektrischen Stuhl und las seine Texte. Danach redeten und stritten die anderen darüber, ohne daß der Autor etwas sagen durfte. Das Glöckchen, das Richter benutzte, um Ruhe in die deutsche Schriftstellerszene zu bringen, ist jetzt in Bansin zu sehen – neben Richters Hochzeitshut und einem orientalischen Gebetsteppich, den Böll ihm einst schenkte. Zwanzig Jahre nach der Erfindung der Gruppe 47, im Oktober 1967, gab es bei Nürnberg im »Gasthaus zur Pulvermühle« das letzte regelmäßige Treffen. Danach kam die Gruppe bis 1977 nur noch hin und wieder zusammen.

Der Literaturkritiker Marcel Reich-Ranicki, schrieb über Richter: »Ein bedeutender Schriftsteller war er nicht.« Oder noch deutlicher: »Keiner von uns, die wir an diesen Tagungen jahrelang teilnahmen, hielt Richter für einen Schriftsteller von einiger Bedeutung, und alle, ausnahmslos alle, respektierten ihn.« Oder: »Ein Kenner der Literatur war er nicht, doch ein glänzender Menschenkenner.« Dabei wäre Richter gern ein großer Schriftsteller geworden. 1949 erschien sein erster Roman »Die Geschlagenen«. Thomas Mann lobte das Buch, wenn auch etwas vergiftet. Richter habe »ernsten Ehrgeiz, großen Willen«. 1951 folgte der Kriegsroman »Sie fielen aus Gottes Hand«. Später schrieb Richter immer wieder Essays in sehr kämpferischem Ton. Er wolle sich einmischen in die »lähmende Restaurations-Politik der späten Adenauer-Zeit«, sagte er über sich. Seine letzten beiden Bücher waren Erinnerungsbücher, wenn auch keine Lebenserinnerungen im klassischen Sinn. Seine beiden großen Themen scheinen noch einmal auf. Aus dem Gedächtnis heraus – er mochte keine Tagebücher – schrieb Richter einundzwanzig Porträts von Mitgliedern der Gruppe 47. Das Buch erschien 1986 unter dem Titel »Im Etablissement der Schmetterlinge«. 1989 folgte »Reisen durch meine Zeit«. Auf dem Buchumschlag ist ein Porträt Richters von Nils Burwitz zu sehen, einem in Swinemünde geborenen Maler. Das Original des Gemäldes hängt im Treppenhaus in Bansin.

Zwar war Richter einst Kommunist, aber die Offiziellen in der DDR mochten ihn nicht. Abweichler paßten ihnen nicht, schon gar nicht, wenn sie charakterstark und einflußreich waren. Und von Pommern durfte sowieso nicht die Rede sein. Am Ende des Kalten Krieges, als nichts mehr unmöglich schien, fuhr Richter über die deutsch-deutsche Grenze nach Usedom. Ein Pfarrer hatte ihn eingeladen. Richter sollte in einer Kirche lesen. Zwar hätte es dafür einer Genehmigung des Staates bedurft. Aber die wurde nie erteilt. Den Pfarrer und seinen Gast hielt das nicht ab, zu den Hunderten zu sprechen, die in die

*Hans Werner Richter signiert am 29. Oktober 1962
in der Berliner Bücherstube Schoeller seine Bücher.*

Kirche gekommen waren. Es war die Kirche von Benz, ein im Kern frühgotischer Bau, eine jener Schönheiten, für die es sich lohnt, das Usedomer Hinterland zu durchstreifen. Der Pfarrer war Martin Bartels, der von allen, gleich einer Figur aus Goethes »Götz von Berlichingen«, Bruder Martin genannt wurde und der in Benz zweiunddreißig Jahre lang amtierte, von 1968 bis 2000. Richter hat über seine Reise in den Osten geschrieben. »Bruder Martin« ist in seinem letzten Buch die letzte Geschichte. Wer sie liest, mag sich eine Träne der Rührung nicht verkneifen. »Es war, als schliefe die Landschaft noch, ja, als schliefe sie bis jetzt, in den Mittag hinein. Je näher wir der Küste und den großen Wasserbecken, dem Großen und dem Kleinen Haff, dem Achterwasser und den Mündungsarmen der Oder kamen, um so stärker wurde für mich der Geruch des Meeres … Meine ganze Kindheit und Jugend hatte unter diesem Eindruck gestanden.« Es folgen die Ankunft in Benz, die erste Nacht im Pfarrhaus, ein Frühstück im Garten und schließlich die Lesung am Abend. Wie Hans Werner Richter plötzlich vor den vielen Leuten steht und glaubt, nicht reden zu können. Wie er nach und nach aber seine Stimme wiederfindet und das alte Selbstvertrauen. Wie die Leute vor ihm auf den harten Kirchenbänken ausharren, nur um ihn zu hören. Es war eine der vielen historischen Stunden jener Zeit. Bruder Martin findet eine Kutsche, in der er seinen Gast durch die Landschaft fährt. Einmal sitzen sie auf der Steilküste und sehen den Badenden unten am Wasser zu. »Es war ein Bild, das mich an den Süden erinnerte, ein Traumbild. Arkadien, dachte ich, es könnte Arkadien sein.«

Auch die Schriftstellerin Carola Stern, die eigentlich Erika Assmus hieß und wie Hans Werner Richter auf der Insel Usedom, in Ahlbeck, geboren wurde, erzählt in ihren Erinnerungen »Doppelleben« von Bruder Martin. Er war für sie ein Trost, als ihr Mann Heinz Zöger starb und auf dem Benzer Dorffriedhof beerdigt wurde. Martin Bartels ehrte ihn, indem er einen Feldblumenstrauß auf das Grab legte. Es war sein letztes Jahr als Pfarrer vor dem Vorruhestand. Bartels blieb in Benz.

Heinz Zöger, Chefredakteur der Zeitung »Sonntag«, dann Rundfunkjournalist, später Häftling in Bautzen, war schließlich am Morgen seiner Haftentlassung in die Bundesrepublik geflohen. Auch Carola Stern hätte es zu einer Karriere in der DDR bringen können. Auf der SED-Parteihochschule in Kleinmachnow hatte sie es schon geschafft. Aber sie arbeitete für den amerikanischen Geheimdienst und floh in den Westen, als ihre Entdeckung drohte. Sie wurde bekannt durch ihre Arbeiten für den Westdeutschen Rundfunk oder durch ihre Bücher über emanzipierte Frauen wie Rahel Varnhagen, Dorothea Schlegel und Johanna Schopenhauer. Carola Stern hat sich einen Sommersitz auf der Insel in Balm gesucht. Sie ist sozusagen mit Sack und Pack in die Heimat zurückgekehrt. Als sie 1998 einen Herzinfarkt erlitt, empfand sie die Insel wie eine Rettung vor dem Tod: »Das Geschrei der Möwen am Usedomer Achterwasser trieb ihn noch einmal in die Flucht.«

Und nun?
In Bansin eine vergnügliche Stunde lang im Hans Werner Richter-Haus umherstreifen. Es liegt unübersehbar zwischen Wald- und Bergstraße.

Die Fischer

Seejungfrauen bringen Glück – Der Kronleuchter von Koserow –
Wie Heringsdorf zu seinem Namen kam –
Salz-, Süß- und Brackwasser – Von der Strandfischerei –
Hering, Aal, Dorsch und Stör – Der Blick des Hechtes

Der Fischer darf nicht sagen, wieviel Fisch er gefangen hat. Sonst hat er kein Glück mehr. Schon gar nicht darf er mit seinem Fang prahlen. Wenn er Glück hat, sieht ihm einer der Elementargeister bei der Arbeit zu. Das bringt Segen. Unter den Elementargeistern sind die Seejungfrauen bei den Fischern die beliebtesten. Das allerdings ginge wohl nicht nur den Fischern so. Wer ein Schiff baut, soll ein Geldstück, möglichst eine uralte Münze, einfügen. Das hilft, später mit dem Boot viel zu verdienen. Ein Schiff, dessen Kiel mit gestohlenem Material gebaut wird, fährt nachts besonders schnell. Altgediente Fischer können mit dem Meer reden, den Wellen und dem Wind. Die Fischer kennen die Elemente. Die Kirche in Wolgast ist sogar nach Petrus benannt, dem Schutzpatron der Fischer, der selbst Fischer in Galiläa gewesen sein soll. Ein Votivschiff von 1823 in der Koserower Kirche ist die Spende eines Fischers aus Ückeritz nach glücklicher Rettung aus Seenot. Ein Kronleuchter in der Kirche hingegen wurde 1900 von Zempiner Fischern gestiftet, nachdem sie mit einem Fischzug so viele Bleie gefangen hatten, daß das prall gefüllte Netz nicht an Land gezogen werden konnte. Es wurde mit Schaufeln geleert. Der Fang brachte viel Geld. Manchmal läßt sich mit Fischerei auch heute noch gut verdienen. Zumeist aber ist es ein mühseliges Geschäft, dem sich kaum noch jemand widmen will. Dabei lebten die Menschen auf der Insel Usedom früher fast ausschließlich vom Fischfang. Die Ortsnamen erzählen davon. Ahlbeck kommt von Aal. Das benachbarte Heringsdorf allerdings durfte sich erst von 1864 an nach dem Hering nennen. Die Idee dazu hatte der damalige Kronprinz, der spätere Friedrich Wilhelm IV., als er mit seinem Vater, König Friedrich Wilhelm III., das Einsalzen der Heringe an den Salzhütten beobachtete. Fischerdörfer waren Neuhof und Neukrug, die zu Heringsdorf wurden, schon zuvor.
Die Usedomer Fischer mieden früher die offene See. Sie fischten in der Odermündung, im Haff und im Achterwasser. Hier mischt sich das Meer mit den Seen und Flüssen aus dem Binnenland, mischt sich Salzwasser und Süßwasser. Man nennt das Brackwasser. Im Hinterland der Insel haben die Fischer bis heute ihre kleinen Häfen. Die sogenannte Strandfischerei ist eine vergleichsweise junge Erfindung. Die Boote der Strandfischer müssen zum einen seetüchtig sein, zum anderen müssen sie es aushalten, an Land über den Strandsand gezo-

gen zu werden. Die alten Winden, die es in Ückeritz, Zempin und Heringsdorf gibt, werden noch benutzt. Manchmal zieht ein Traktor das Boot aus dem Wasser. Ein Dutzend Kutter liegen heute noch am Strand. Etwa dreihundert Tonnen Fisch landen sie pro Jahr an. Die Boote liegen da wie für die Feriengäste bestellt und fehlen auf keinem bunten Ferienbild von der Insel. Sie können bis zu einer Tonne Fisch laden, haben einen Tiefgang bis zu 1,20 Metern und sind so gebaut, daß die Fischer es eine Nacht lang auf dem Meer aushalten könnten. Und sie haben einen breiteren Kiel als andere Fischerboote, damit sie nicht umfallen, wenn sie über den Strand gezogen werden. Viele dieser Boote sind fünfzig Jahre alt und älter. Neue Schiffe sind teuer und auch nicht mehr aus Holzplanken gezimmert. Neue Boote bestehen aus Plastik.

Die Fischerboote im Hinterland sind kleiner und können deutlich weniger Fisch transportieren. Leistungsfähige Motoren indes haben sie alle. Wenn die Fischer ihren Fang gleich am Strand oder im Hafen an die Feriengäste verkaufen können, lohnt es sich für sie besonders. Dann ist es tatsächlich im übertragenen Sinne so, als würden lauter Seejungfrauen und andere Elementargeister zuschauen. Was nicht sofort verkauft werden kann, wird gleich am Strand geräuchert oder gebraten. Die schlichten Fischerhütten an den Dünen mögen den feineren Hotels manchmal ein Ärgernis sein, aber sie gehören zur Insel wie die gehobene Gastronomie, die schließlich auch auf den von den Fischern gelieferten Ostseefisch wartet. Was nicht direkt verkauft oder verarbeitet werden kann, geht an den Großhandel Birnbaum & Kruse in Lassan. In der DDR-Zeit hatte dort eine Fischereigenossenschaft ihren Sitz, die nicht nur Fische fing, sondern auch verarbeitete und verkaufte. Heute kümmern sich die ehemaligen Fischer nur noch um das Kaufen und Verkaufen. Von hier wird der Usedomer Fisch bis nach Berlin, Leipzig oder Frankfurt am Main gefahren. Im Gegenzug werden Hummer, Karpfen oder Kaviar nach Lassan gebracht und weiterverkauft.

Etwa sechzig Fischer gibt es noch auf Usedom. Mehr als doppelt so viele waren es einmal. Vor allem nach 1945 gab es auf Usedom viele Fischer. Die meisten waren Flüchtlinge oder Vertriebene aus Hinterpommern. Sie wurden aus Not Fischer und blieben dann dabei. Einige der Fischer von heute arbeiten in Genossenschaften, einige allein für sich. Wieder andere sind nur Fischer in ihrer freien Zeit neben ihrem eigentlichen Beruf. Es ist ein aussterbendes Gewerbe. Junge Leuten interessieren sich kaum noch für den schweren Beruf. Außerdem wird der Fischfang durch die Europäische Union längst reglementiert wie die Landwirtschaft. Es lohnt sich einfach nicht mehr. Anfang des 20. Jahrhunderts hatte die Fischerei auf Usedom und Wollin noch fast zweitausend Beschäftigte. Das sogenannte Schankwirtschaftsge-

Fischerboote in Koserow

werbe, der Zweitplatzierte, hingegen hatte nur etwas mehr als tausend Arbeitsplätze. Das Verhältnis drehte sich jedoch bald um. Mit den Feriengästen wurde nunmehr das Geld verdient. Die Fischerei war nur noch Folklore. Mitte des 19. Jahrhunderts schrieb der aus einer Swinemünder Künstlerfamilie stammende Christian Friedrich Scherenberg sein hymnisches »Fischerlied«: »Und herüber nickt der Stern: Fischer komm! Die See ist fromm. Sterne, unser Gottvertrauen, Fischerlicht, auf das wir bauen. Wenn ihr es saget, sei's gewaget: Mann und Zeug, macht fertig euch, Fischer, in die See!« Kein Jahrhundert später beherrschte eine prosaische Poesie die Zeitungen, etwa in Form dieser Anzeige: »Gustav Priewe. Großes Lager von Bade-Andenken in Perlmutter, Bronze, Porzellan, Glas auf der Kaiser-Wilhelm-Brücke. Civile Preise. Liebenswürdige Bedienung.«

Der Ostseefisch schlechthin ist noch immer der Hering. Er hat zweimal im Jahr Saison. Im Sommer meidet er die Gegend, als würde ihn der Badebetrieb stören. Der Frühjahrshering ist allerdings ein anderer Fisch als der Herbsthering. Die »Vinetabank« vor Koserow, das »alte Bollwerk« vor Ückeritz oder das »neue Bollwerk« vor Ahlbeck sind besonders ergiebige Fanggründe. Auch der Aal ist ein Saisonfisch. Er wird im Sommer gefischt, vor allem an der als »Oderbank« bezeichneten Untiefe am östlichen Ende von Usedom. Der Aal ist ein seltsamer Wanderer. Zum Laichen macht er sich in die Sargassosee im Westatlantik nahe dem Golf von Mexiko auf. Aale verbringen ihre ersten fünf Lebensjahre im Meer, wechseln dann in das Süßwasser, wo sie sich vom fünften bis zum zwölften Lebensjahr aufhalten. Dann kehren sie in das Meer zurück, um zu laichen. Aal wird immer

Die alten Salzhütten in Zempin

weniger gefangen, weil schon der junge, noch farblose sogenannte Glasaal heute in spanischen und portugiesischen Gewässern gefischt wird und so gar nicht mehr in die Ostsee gelangt. Eigentlich treiben die jungen Aale im Golfstrom nach Europa. Erst auf diesem Weg färben sie sich dunkel.

Dorsch ist in gewisser Weise auch ein Saisonfisch. Er wird von Oktober bis April gefischt, weil er im Winter in den seichteren Gewässern zu finden ist. Danach sinkt er wieder in die kaum erreichbaren Tiefen des Meeres hinab. 37 Fischarten sollen in den Usedomer Gewässern beheimatet gewesen sein. Neben Aal, Hering und Dorsch werden noch Plattfische aus dem Meer geholt. Die Maräne, ein klassischer Süßwasserfisch, hält sich immer häufiger in der Odermündung auf. Dort gibt es auch Brackfische wie Barsch und Zander. Schließlich geraten den Fischern auch wieder mehr Hechte in die Netze. Das ist ein gutes Zeichen, denn es spricht für die Sauberkeit und Klarheit des Wassers: Der Hecht sieht seine Beute, der Zander riecht sie.

Früher wurde auch der Stör gefischt, dessen Rogen als Kaviar begehrt ist. Störe gelten inzwischen als vom Aussterben bedroht. Der Usedomer Stör ist allerdings in die Literatur eingegangen. Friedrich Rückerts Gedicht »Die Mönche auf Usedom« geht auf eine schon von Thomas Kantzow, dem Wolgaster Hofchronisten, erzählte Legende zurück. Rückert wird zu den Spätromantikern gezählt. Er stammte aus Süddeutschland. Von 1841 bis 1848 aber war er Professor in Berlin. Seine Gedichte klingen immer ein wenig bemüht. Das hat Komponisten wie Franz Schubert, Johannes Brahms oder Gustav Mahler nicht abgehalten, sie zu schönen Liedern zu vertonen. Die alte Legende geht so: Zwei Störe zeigen sich jedes Jahr den Mönchen von Kloster Grobe, das einst in der Nähe der Stadt Usedom gestanden hat. Bei Rückert heißt es »Kloster Grabow im Lande Usedom«. Die Mönche dürfen jeweils einen der Störe fischen und essen. Einmal aber nehmen sie sich gleich alle beide, weil sie sich für keinen entscheiden können. Das Essen verdirbt ihnen nicht nur den Magen. »Der Schaden war der kleinste, der größte kam nachher: Es kam nun gar zum Kloster kein Fisch geschwommen mehr. Sie hat so lange gnädig gespeiset Gottes Huld. Daß sie nun sind es ledig, ist ihre eigne Schuld. Sie hätten sich begnügen sollen.« Gleich dem Stör sind noch andere Fische selten geworden wie der Lachs oder das Neunauge.

Gefischt wird mit Schleppnetzen, Stellnetzen und Reusen. Die Stellnetze verstellen etwa dem Hering den Weg. Der Kopf des Fisches paßt durch die Maschen, nicht aber der Körper. Mit den Kiemen bleiben die Heringe hängen. Ist das Netz aus dem Wasser gezogen, beginnt das Pulen: Die Fische müssen aus dem Netz gelöst werden. Mit den Netzen hatten die Fischer früher viel Arbeit, wenn sie nicht gerade auf See waren. Die Netze mußten geflickt und gesäubert, Baumwollnetze mußten zum Trocknen aufgehängt werden. Die heute benutzten sind aus Kunststoff. Sie reißen nicht, Nässe macht ihnen nichts aus. Aal wird mit der Leine gefangen, also wie bei einem Angler, nur mit vielen Schnüren hintereinander. Früher wurde er auch mit Spießen gejagt. Diese Spieße sehen ein wenig wie verkleinerte Harken oder Grubber aus. Der eine oder andere Fischer besitzt sie noch. Benutzen darf er sie aber schon lange nicht mehr. Und er wüßte wohl auch nicht mehr so genau, wie.

Und nun?

Aale säubern, abziehen, salzen und in Stücke schneiden. Dazu werden Kartoffeln geschält und in dünne Scheiben geschnitten. In eine Auflaufform werden abwechselnd Aal und Kartoffelscheiben geschichtet. Hinzu kommen Zwiebelscheiben, Lorbeerblätter, Petersilienwurzeln, Mohrrüben, Pfefferkörner und Salz. Zum Schluß Brühe, die alles bedeckt. Das Ganze garen lassen.

Personen

Literatur

Adomat, Marion: Bansin – von der Gründung bis zum 2. Weltkrieg, Demmler Verlag, Schwerin 1998

Baenz, Ulrich; Rusch, Erhard: Heringsdorf. Seebad auf Usedom, Axel-Dietrich-Verlag, Peenemünde 1999

Baenz, Ulrich: Zinnowitz. Seebad auf Usedom, Verlag Axel-Dietrich-Verlag, Peenemünde 1993

Betthausen, Peter: Philipp Otto Runge, E. A. Seemann Verlag, Leipzig 1980

Buchholz, Werner (Hrsg.): Pommern, Reihe Deutsche Geschichte im Osten Europas, Siedler Verlag, Berlin 1999

Buske, Nobert: Kirchen in Wolgast, Evangelische Verlagsanstalt, Berlin 1984

Buske, Norbert; Helms, Thomas: Spuren der Ewigkeit. Schätze der Pommerschen Evangelischen Kirche, Thomas Helms Verlag, Schwerin 2003

Die Bau- und Kunstdenkmale in Mecklenburg-Vorpommern, Vorpommersche Küstenregion, Henschelverlag, Berlin 1995

Die Bibel des Daniel Nicolaus Runge, Wolgaster Museumsschriften, Heft 2, Wolgast 1999

Dubilski, Petra: Usedom, Dumont-Verlag Reisetaschenbuch, Köln 2003

Feininger, Lyonel: Gelmeroda, Gerd Hatje Verlag, Stuttgart 1995

Geismeier, Willi: Die Malerei der deutschen Romantik, Verlag der Kunst, Dresden 1984

Gildenhaar, Dietrich: Seebrücken, Axel-Dietrich-Verlag, Peenemünde 1993

Goldmann, Klaus; Wermusch, Günter: Vineta. Die Wiederentdeckung einer versunkenen Stadt, Verlag Bastei Lübbe, Bergisch Gladbach 1999

Hagen, Eva-Maria: Eva und der Wolf, Econ-Verlag, Düsseldorf und München 1998

Hannes, Hellmut: Historische Ansichten von Swinemünde und vom Golm, Thomas Helms Verlag, Schwerin 2001

Herrmann, August: Mein Paradies Bansin, photomechanischer Nachdruck, Neuendorf-Verlag, Neubrandenburg 1997

Kraft, Ruth: Insel ohne Leuchtfeuer, Vision-Verlag, Berlin 1991

Krockow, Christian Graf von (Hrsg.): Kleine Geschichten aus Pommern, Verlag Engelhorn, Stuttgart 1991

Kuhlmann, Bernd: Eisenbahnen auf Usedom, Alba-Verlag, Düsseldorf 1999

Marsiske, Klaus: Nach Tahiti und anderswo. Zeichnungen und Notizen, Steinbekker Verlag Rose, Greifswald 1998

Marsiske, Klaus: Stralsund – Skizzen in der Altstadt, Scheunen Verlag, Kückenshagen 1995

März, Roland: Lyonel Feininger, Henschelverlag, Reihe »Welt der Kunst«, Berlin 1981

Mayer, Rudolf: Otto Niemeyer-Holstein, Henschelverlag, Reihe »Welt der Kunst«, Berlin 1983

Meinhold, Wilhelm: Maria Schweidler, die Bernsteinhexe, Verlag Das Neue Berlin, Berlin 1984

Müller-Waldeck, Gunnar: Literarische Spuren in Greifswald, wissenschaftliche Beiträge der Ernst-Moritz-Arndt-Universität, Greifswald 1990

Neidhardt, Hans Joachim: Die Malerei der Romantik in Dresden, E. A. Seemann Verlag, Leipzig 1976

Peters, Jan: Die alten Schweden, Deutscher Verlag der Wissenschaften, Berlin 1986

Pynchon, Thomas: Die Enden der Parabel, rororo, Rowohlt Verlag, Reinbek 2002

Richter, Egon; Heim, Angelika: Ahlbeck. Innenansichten, Konrad Reich Verlag, Rostock 1991

Richter, Hans Werner: Spuren im Sand, Rowohlt Verlag, Reinbek 1981

Richter, Hans Werner: Reisen durch meine Zeit. Lebensgeschichten, Hanser-Verlag, München, Wien 1989

Roscher, Achim: Das Leben des Malers Otto Niemeyer-Holstein. Aufbau-Verlag, Berlin 1995

Runge, Philipp Otto: Die Begier nach der Möglichkeit neuer Bilder, herausgegeben von Hannelore Gärtner, Reclam Verlag, Leipzig 1978

Runge, Philipp Otto: Briefe und Schriften, herausgegeben von Peter Betthausen, Henschelverlag, Berlin 1981

Runge, Philipp Otto: Zitate, Scherenschnitte, herausgegeben von den Museen der Stadt Wolgast, Wolgast 2002

Runge, Philipp Otto; Johnson, Uwe: Von dem Fischer un syner Fru, Insel-Verlag, Leipzig 1987

Seebad Bansin 100 Jahre, Festschrift, Neuendorf-Verlag, Neubrandenburg 1997

Seydel, Renate (Hrsg.): Usedom. Ein Lesebuch, Ullstein Verlag, Berlin 1999

Stern, Carola: Doppelleben. Eine Autobiographie, Verlag Kiepenheuer und Witsch, Köln 2001

Straub, Eberhard: Drei letzte Kaiser, Siedler Verlag, Berlin 1998

Staudt, Guillermo: Zum Tee mit dem Kaiser in Heringsdorf, Neuendorf-Verlag, Neubrandenburg 2002

Werner, Anton von: Geschichte in Bildern, herausgegeben von Dominik Bartmann, Hirmer-Verlag, München 1997

Weyer, Johannes: Wernher von Braun, rororo Monographie, Rowohlt Verlag, Reinbek 1999

Wille, Hermann Heinz: Die Insel Usedom, Photomechanischer Nachdruck der Ausgabe von 1953, Hinstorff Verlag, Rostock 1999

Wille, Hermann Heinz: Wanderatlas Insel Usedom, Tourist Verlag, Berlin und Leipzig 1984

Das Fischrezept auf Seite 103 ist dem von Renate Seydel herausgegebenen Usedom-Lesebuch entnommen.